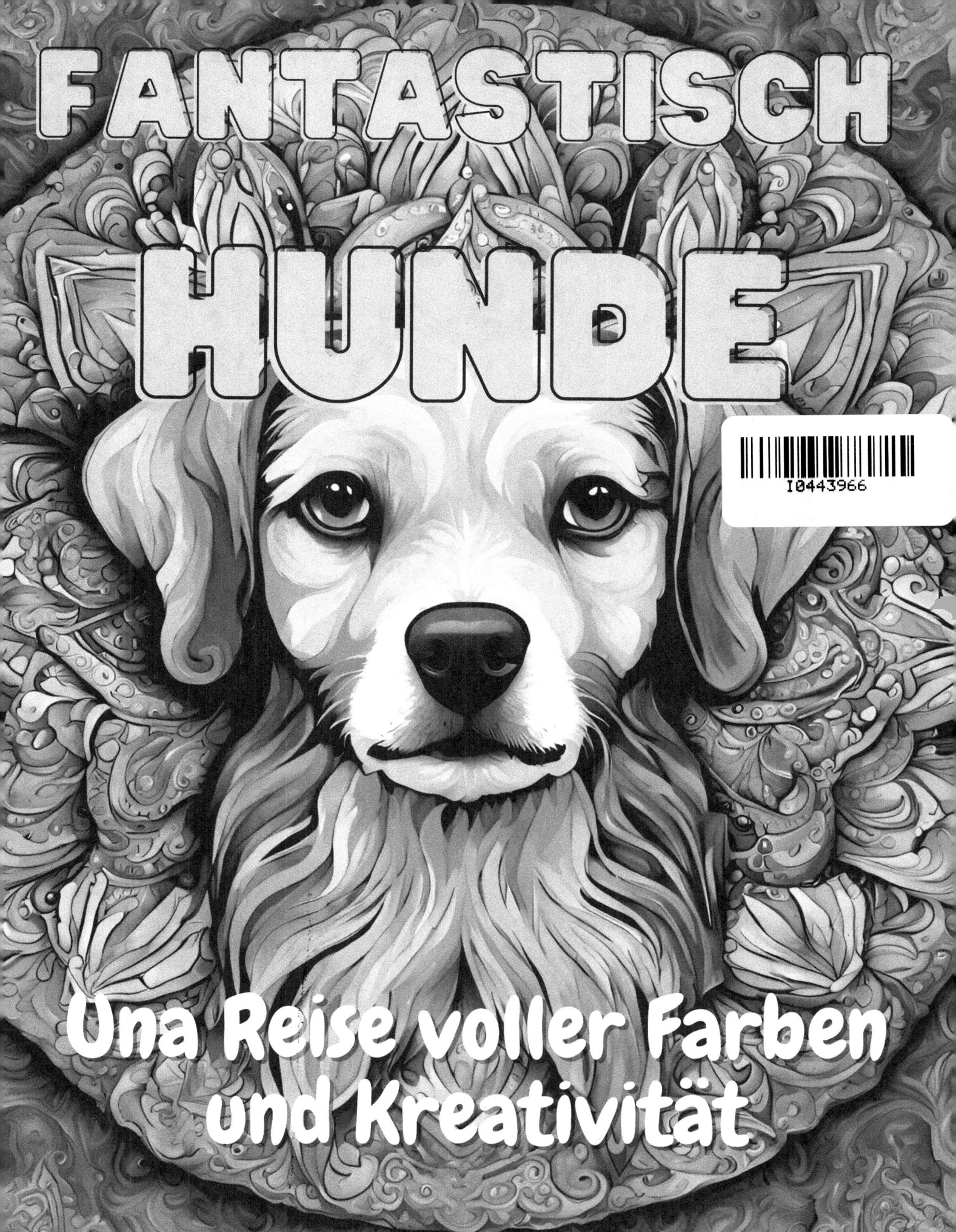

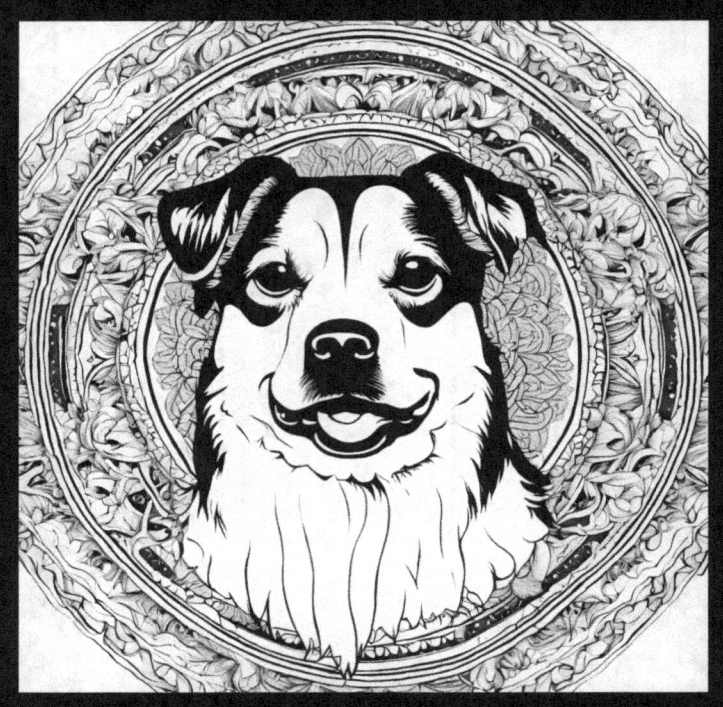

Es gibt Hunde in allen Formen und Größen, von kleinen wie dem Chihuahua bis hin zu großen wie dem Bernhardiner. Und egal welche Größe, alle haben etwas gemeinsam: Sie sind Meister darin, Freude zu vermitteln.

Dieses Buch gehört zu:

_____

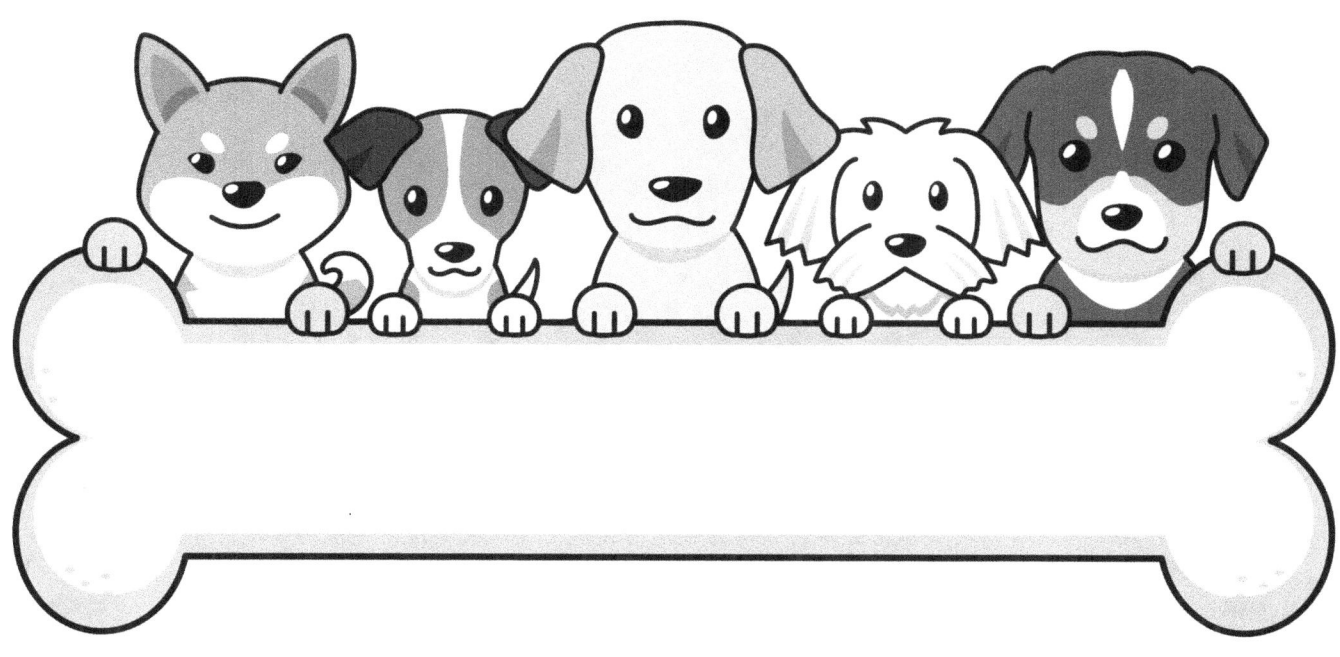

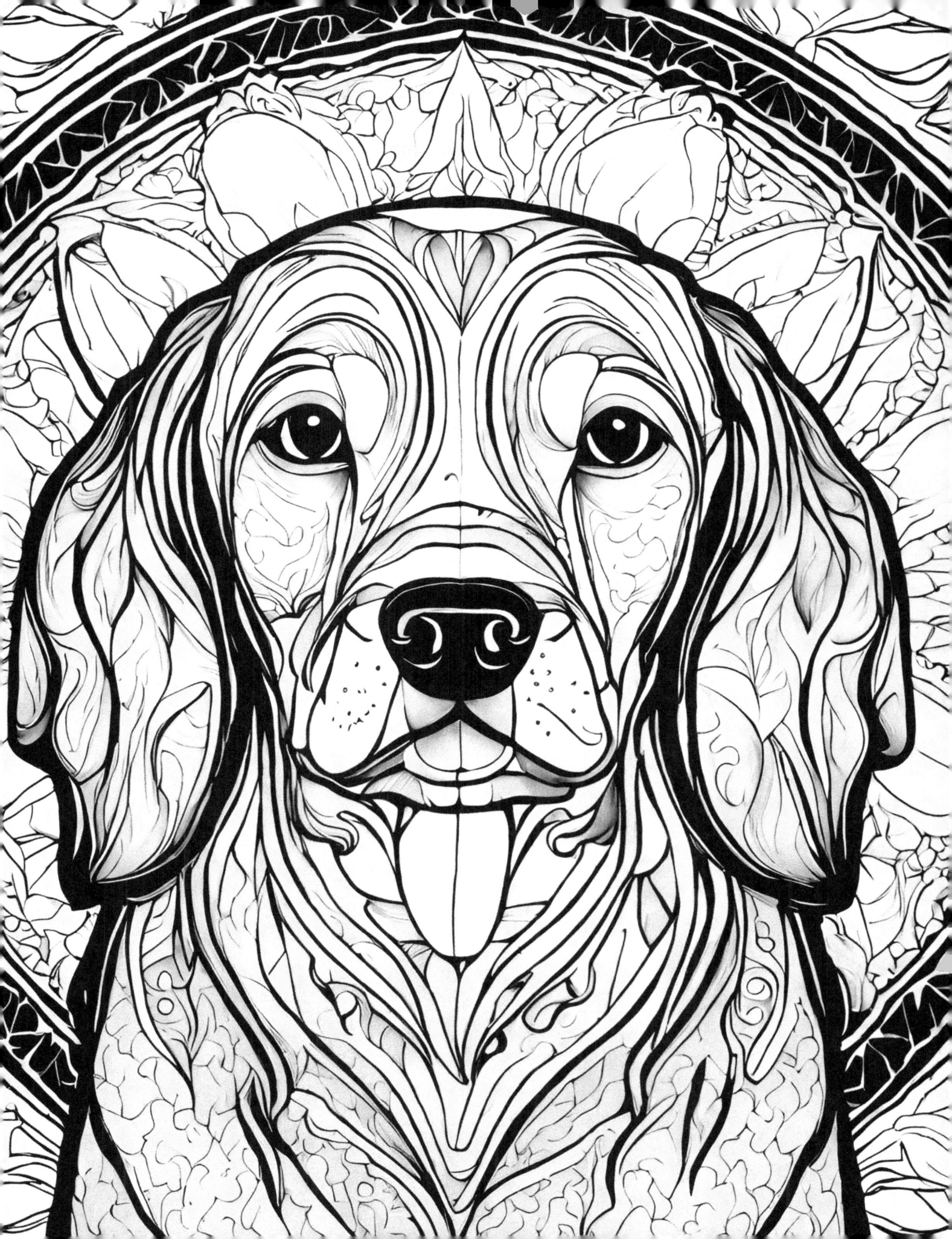

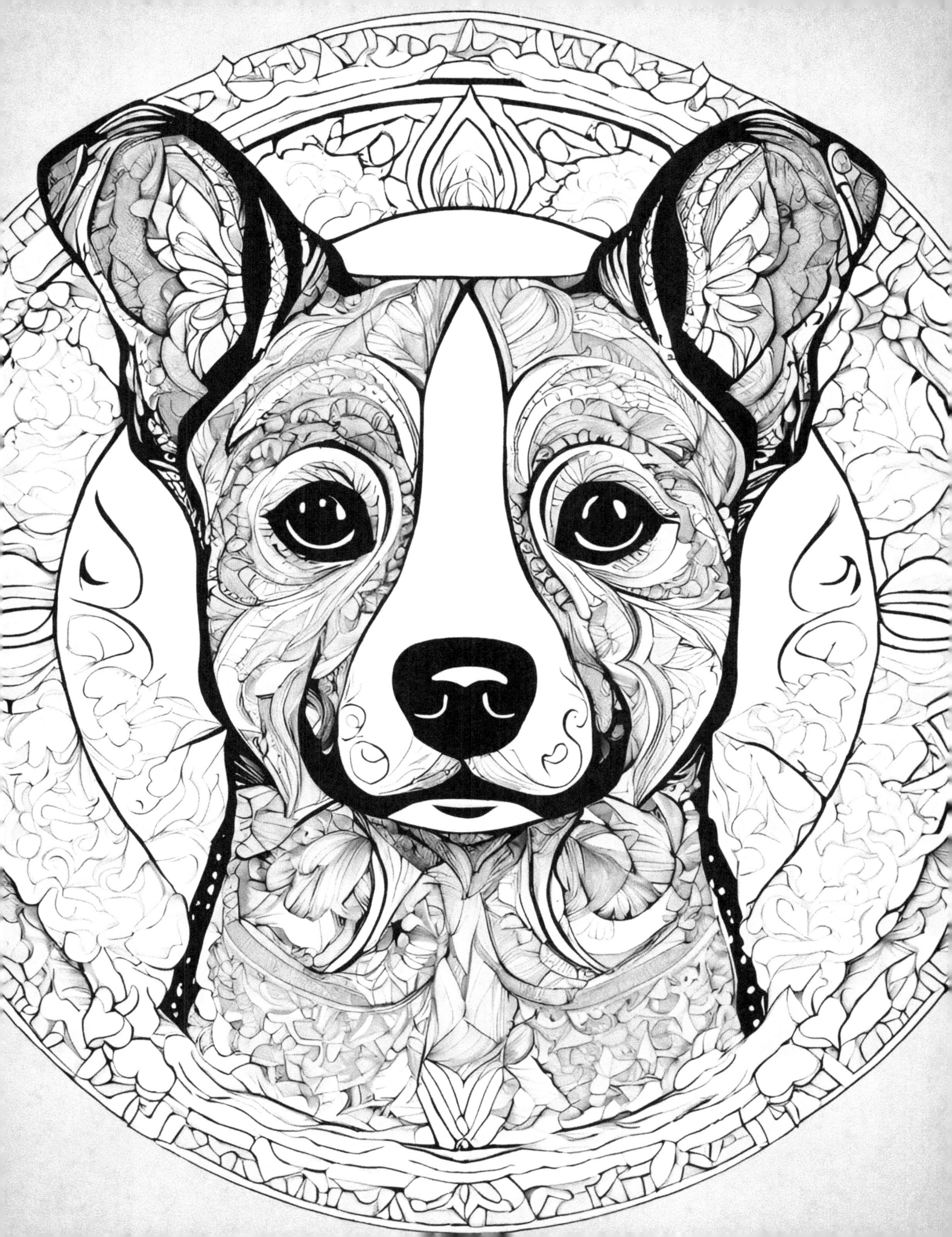

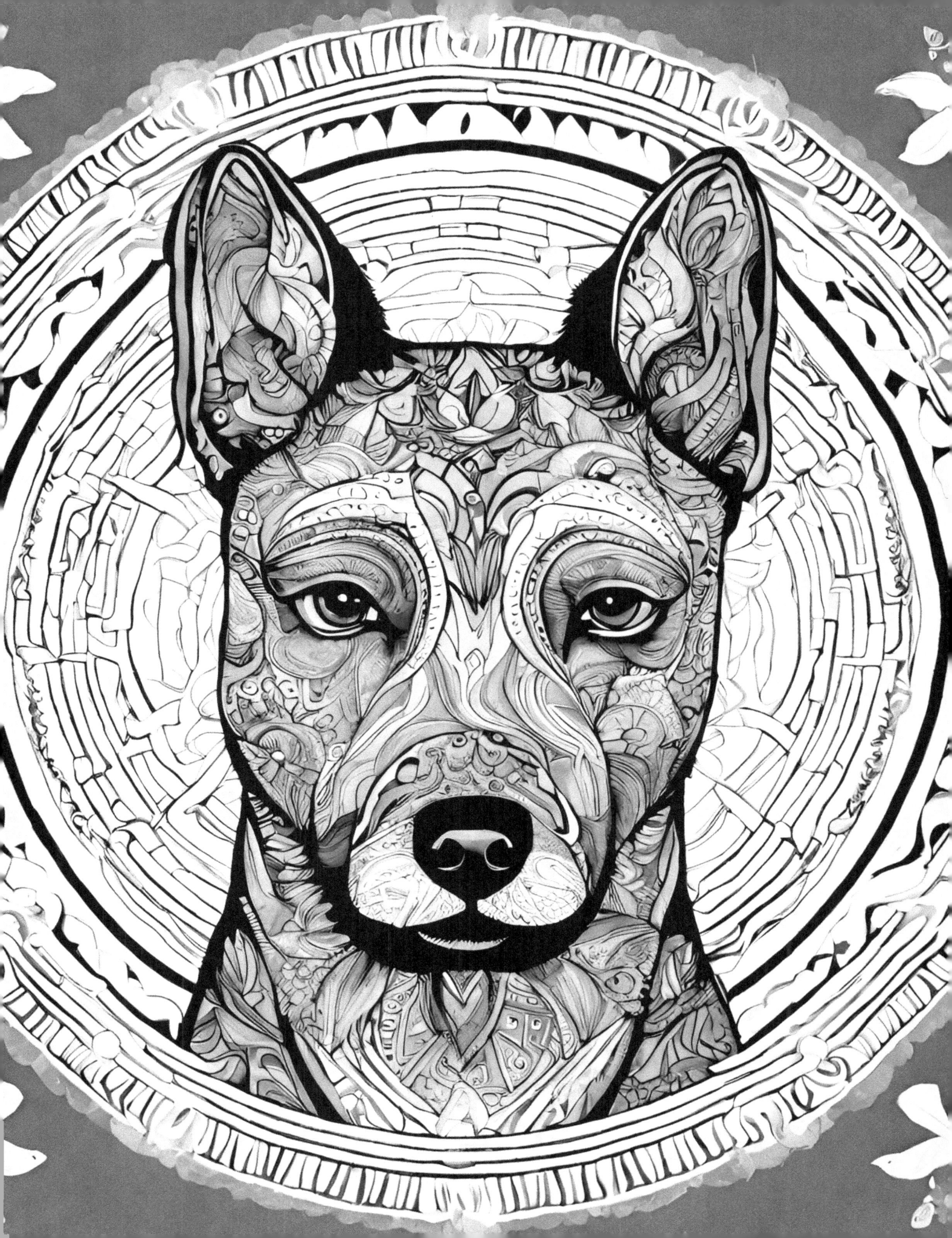

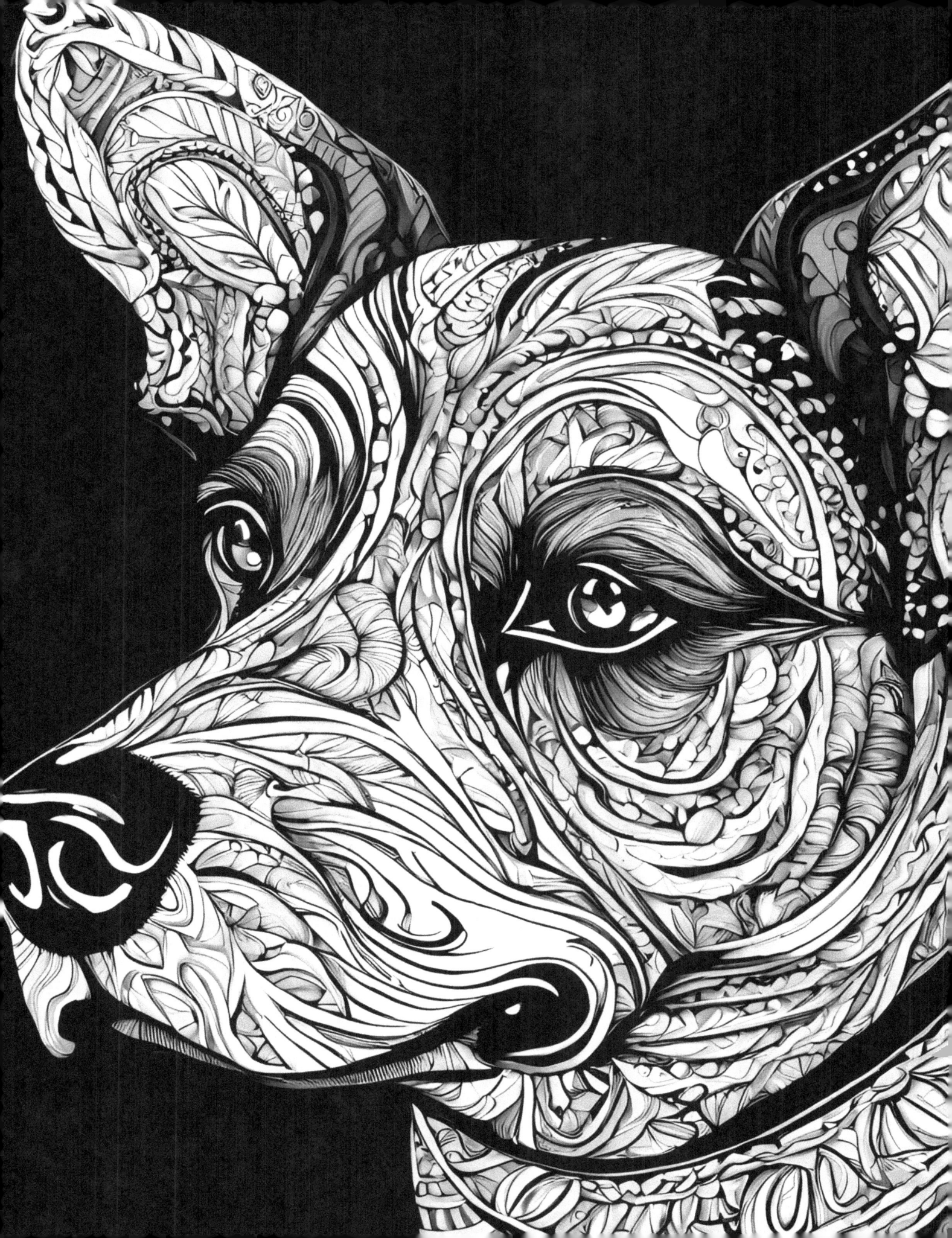

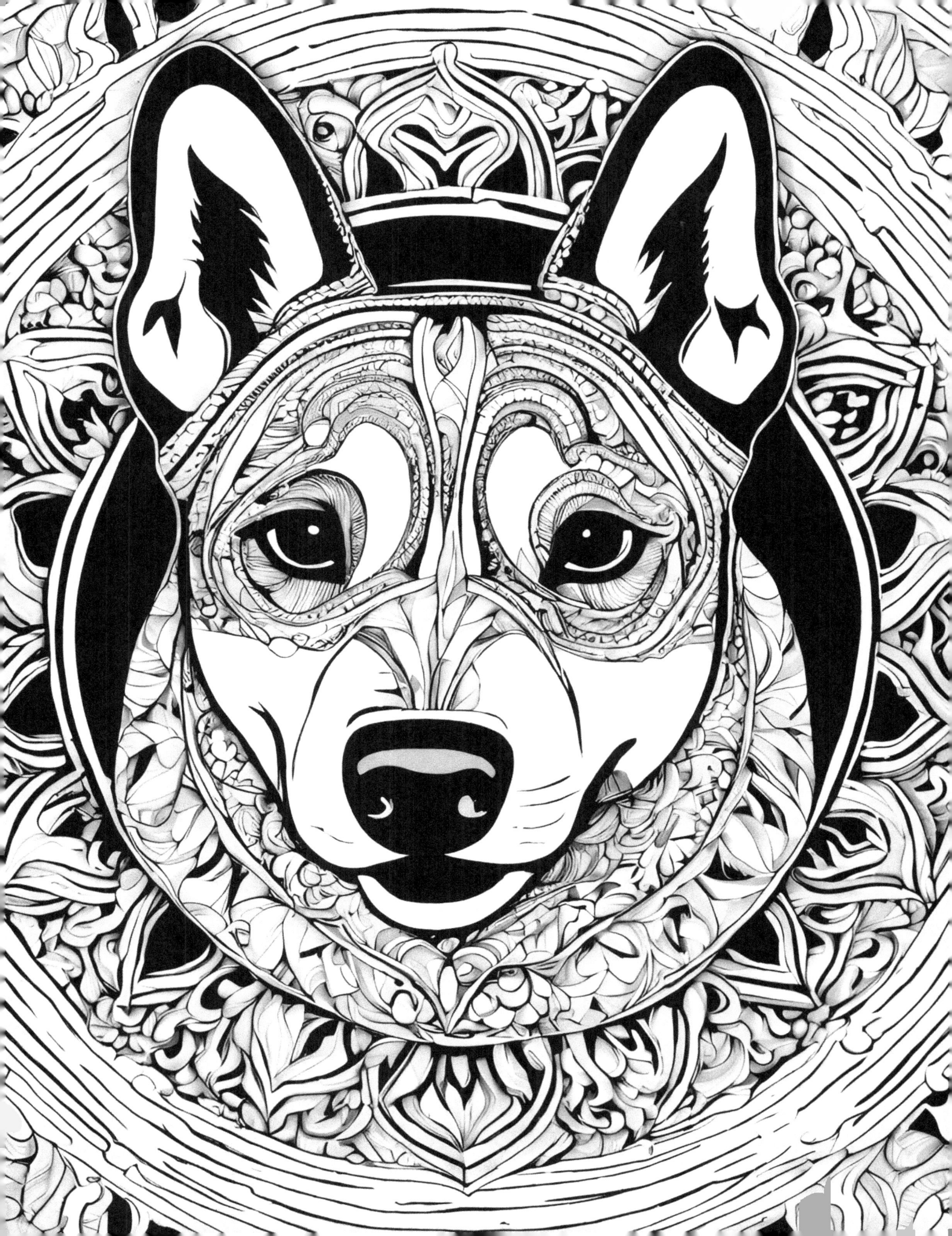

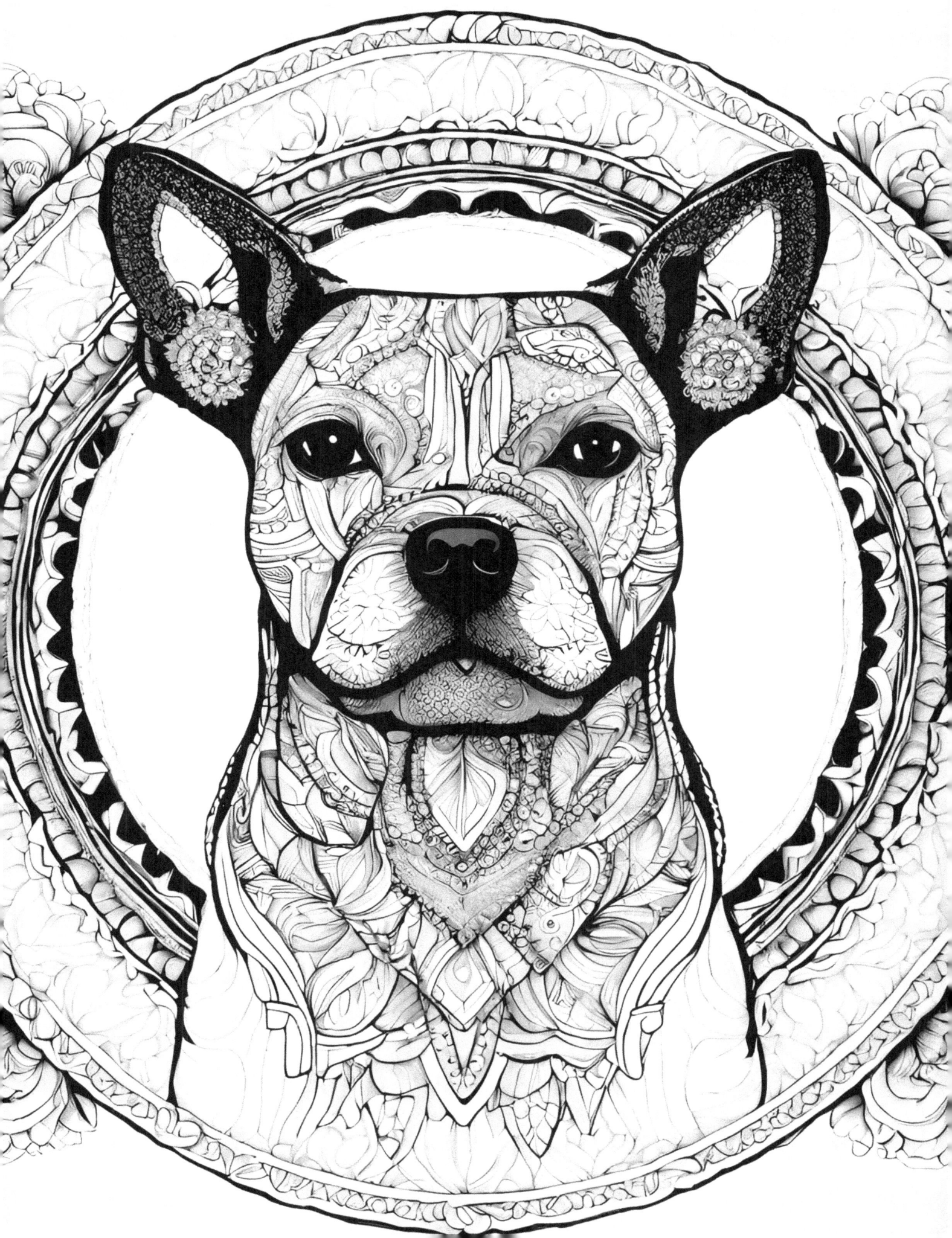

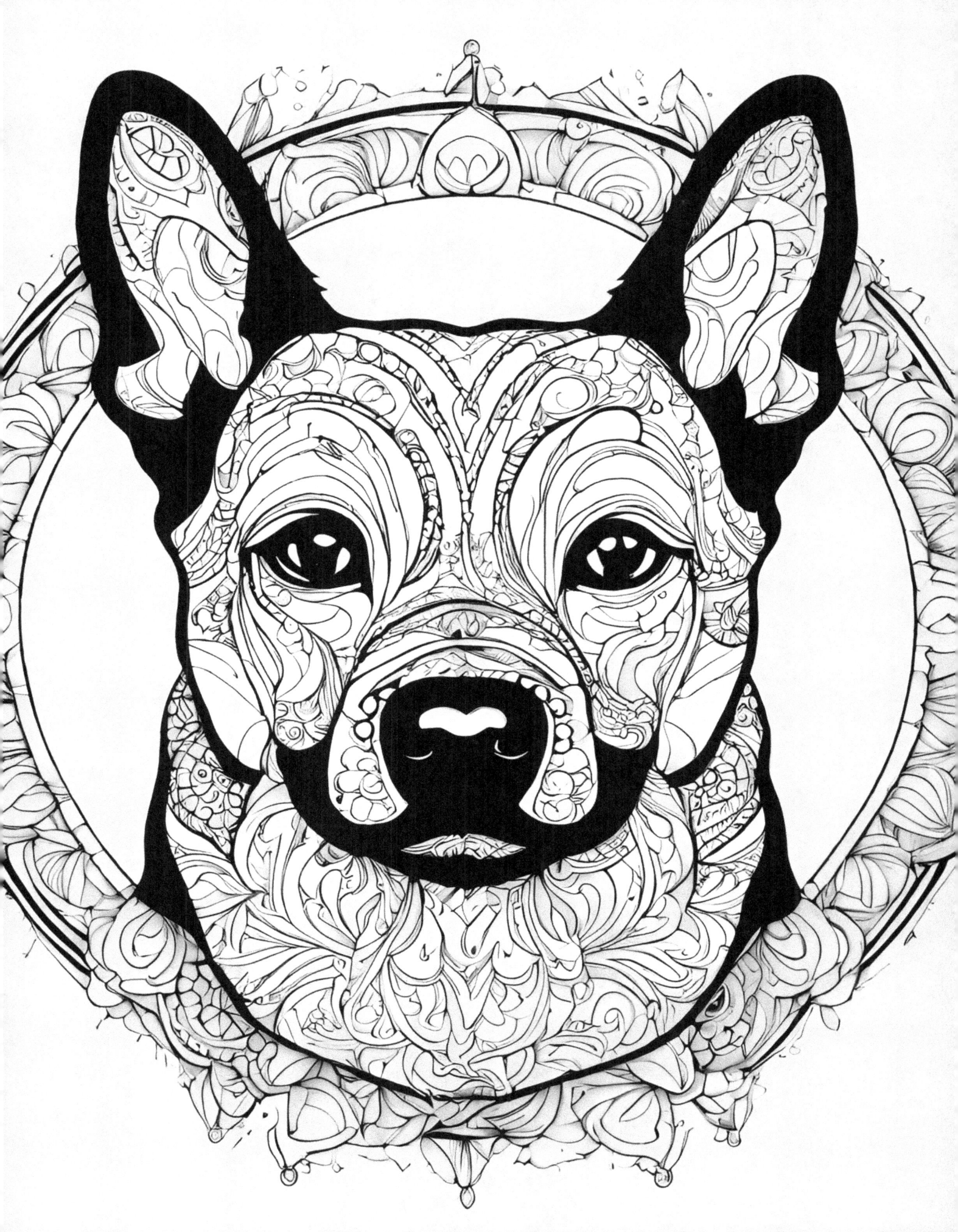

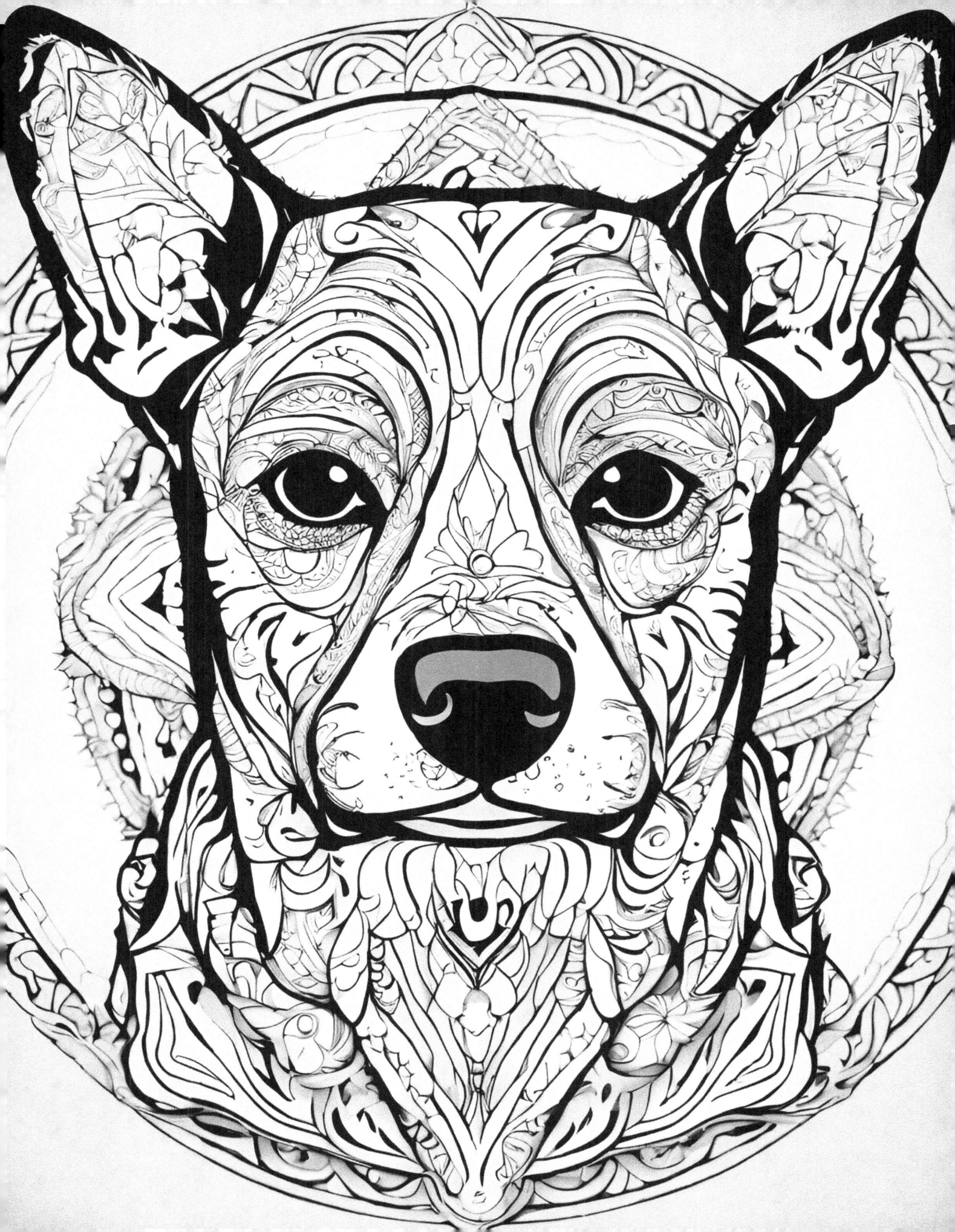

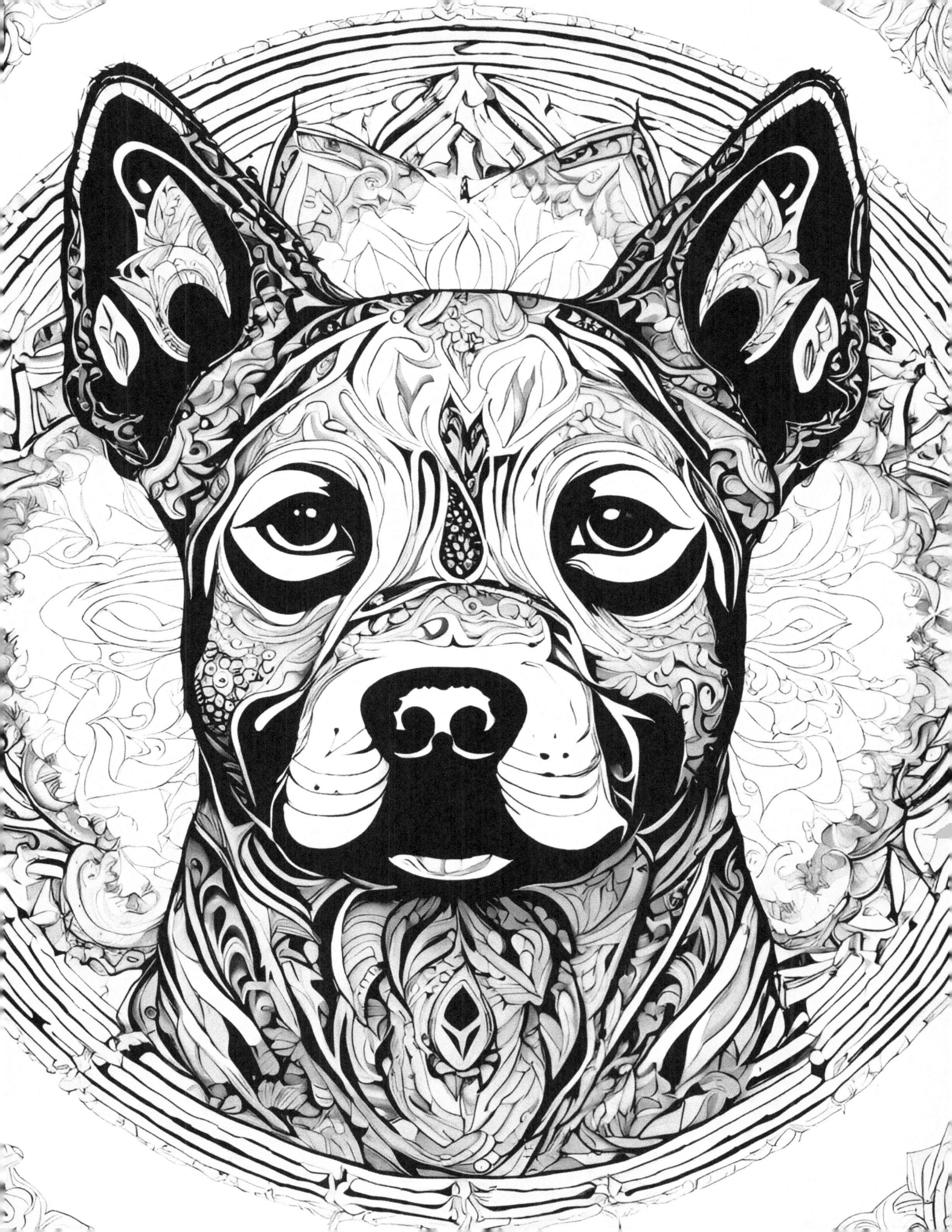

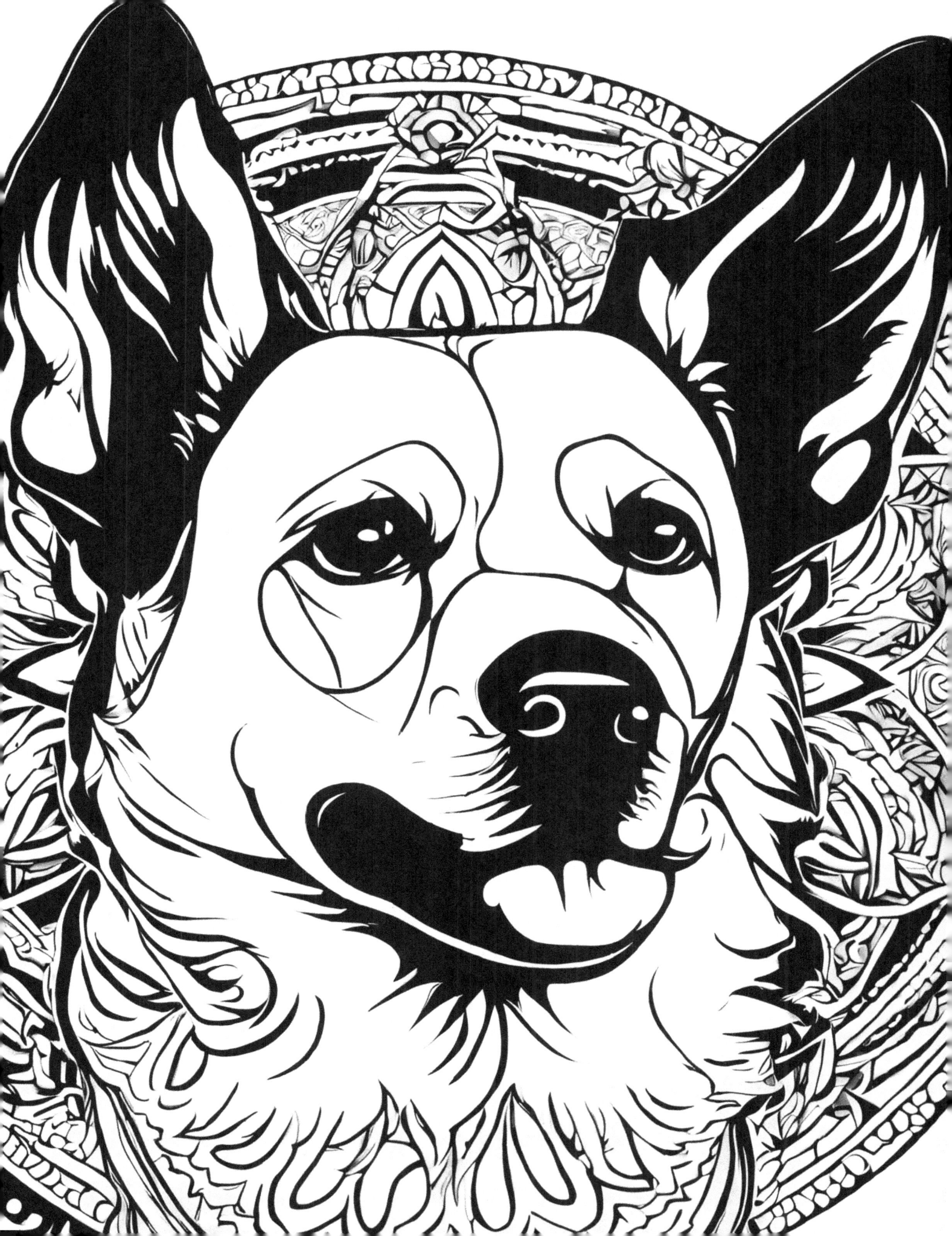

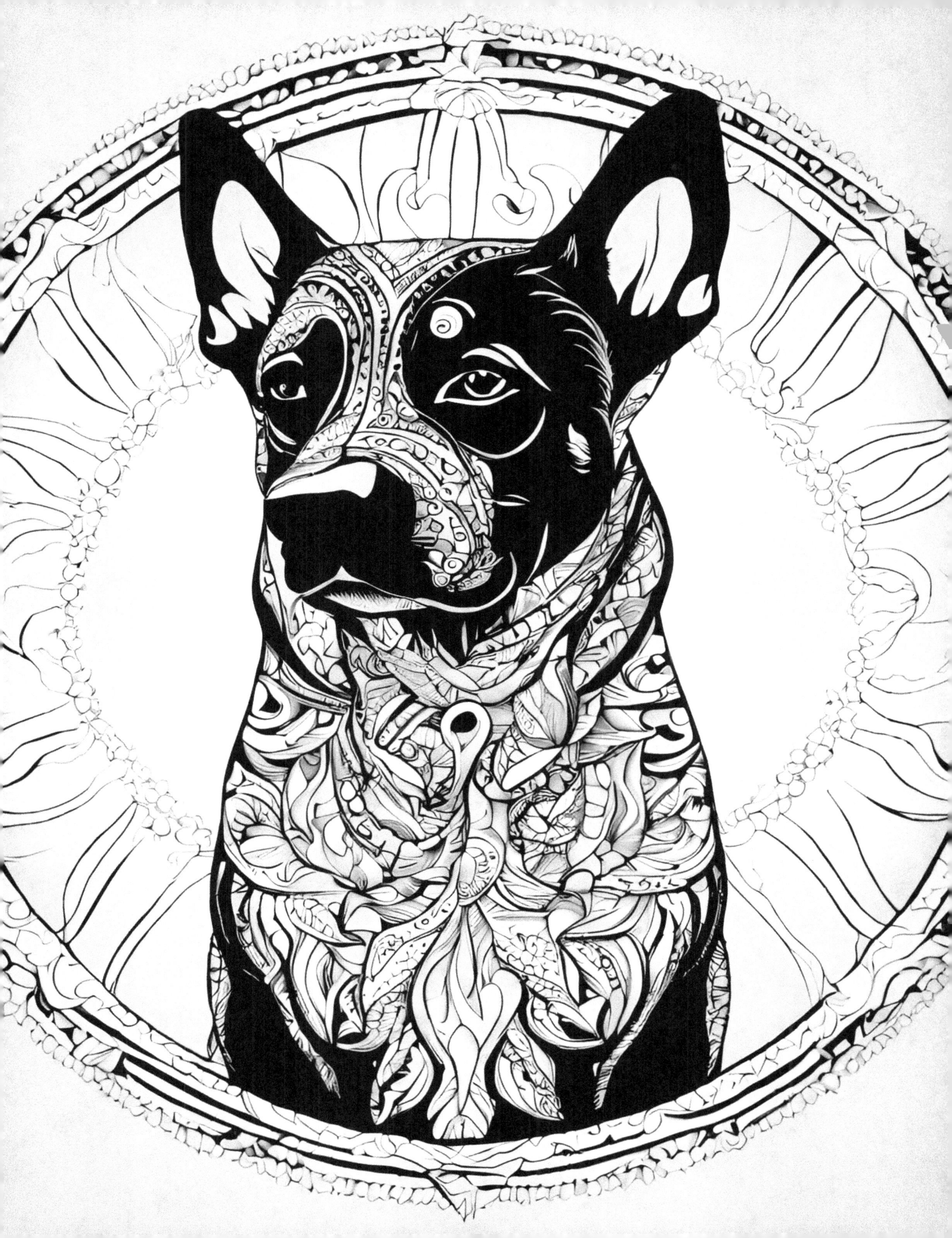

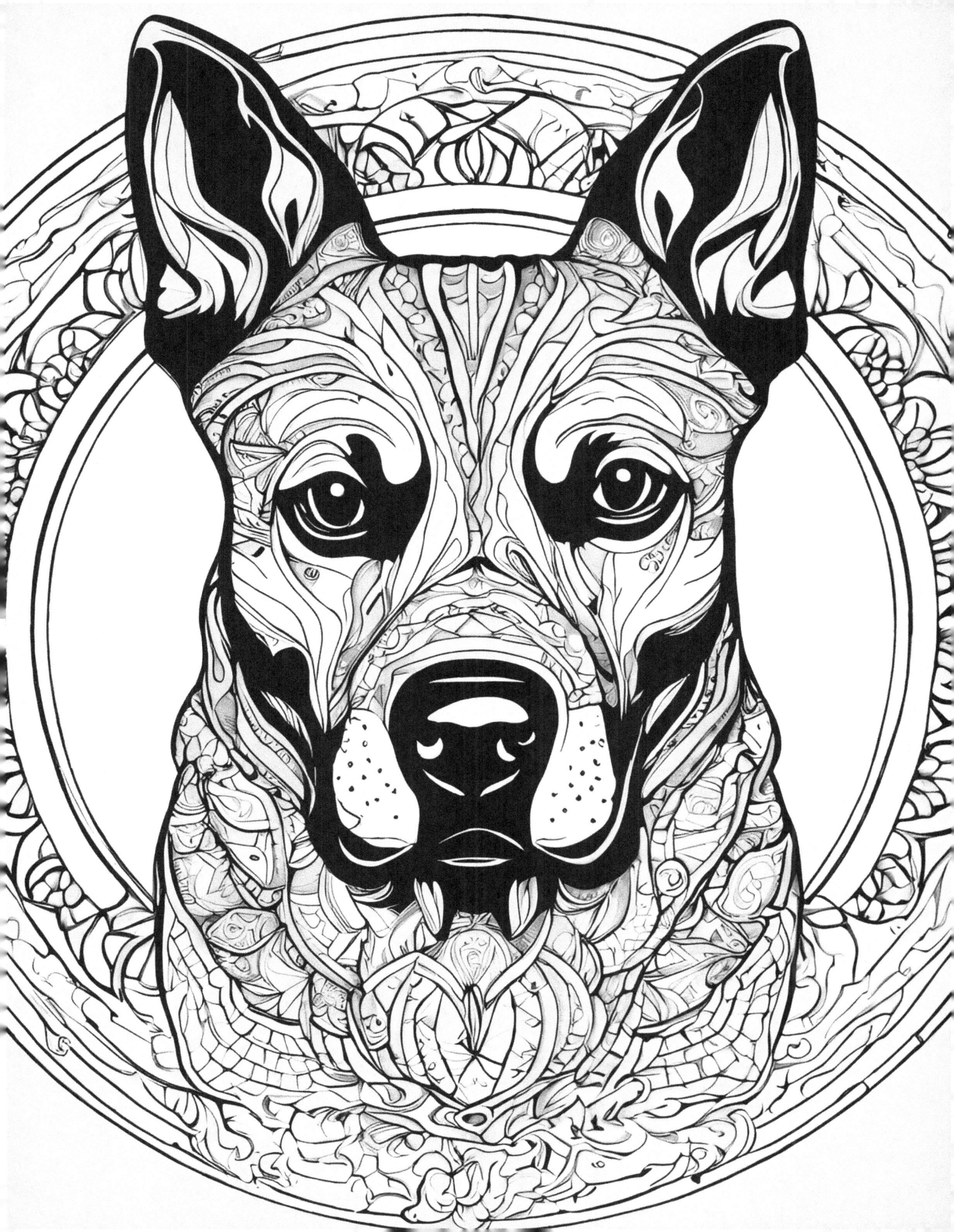

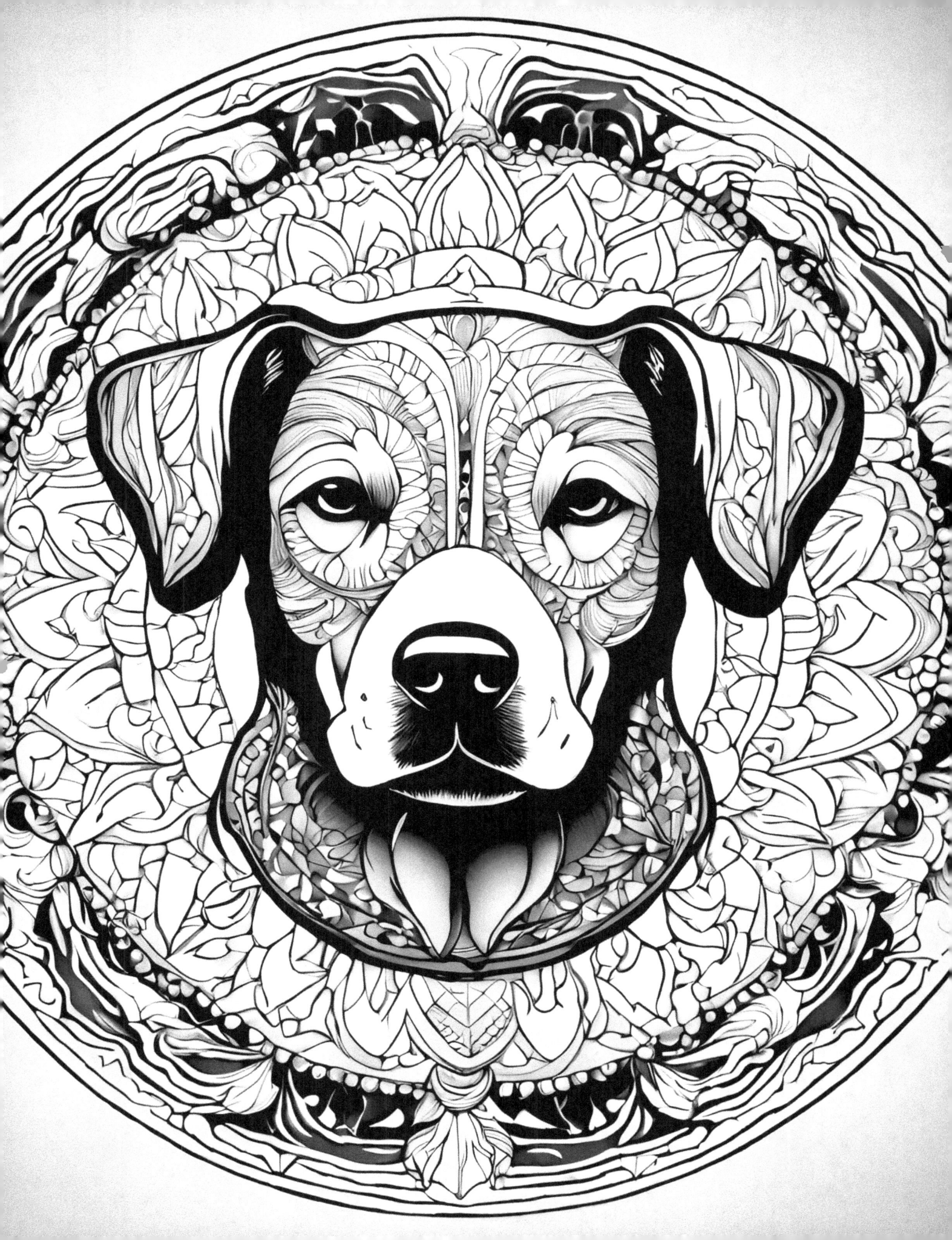

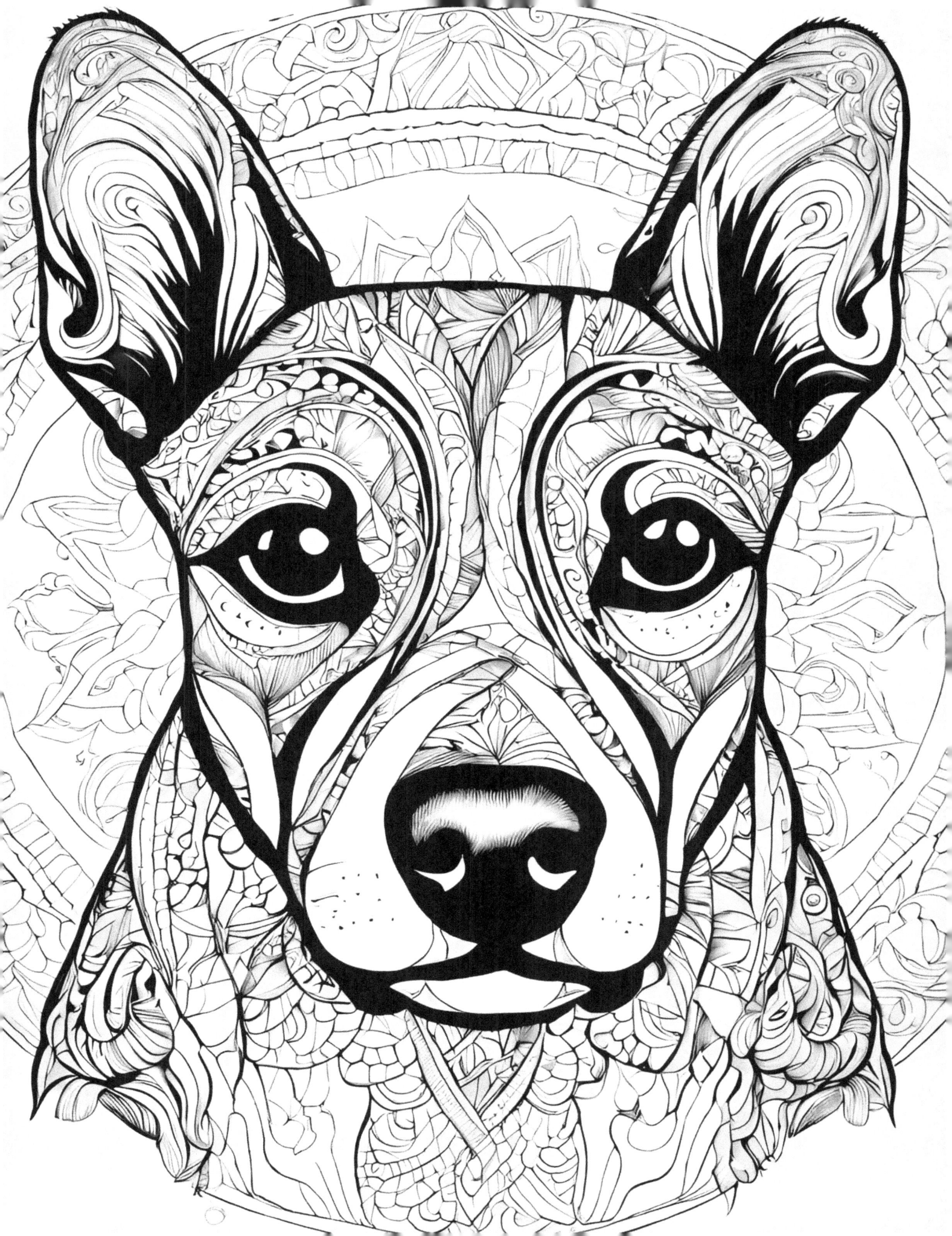

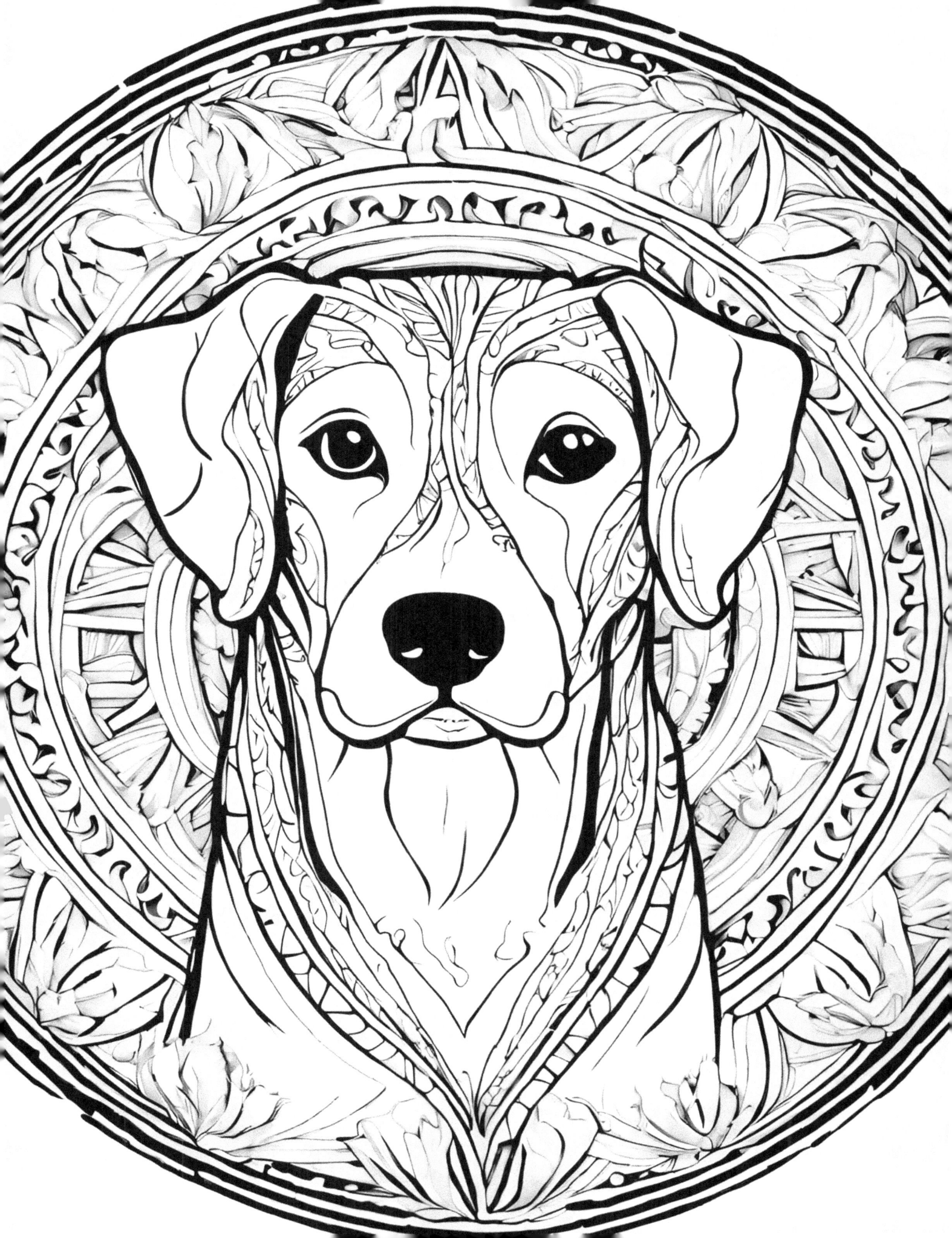

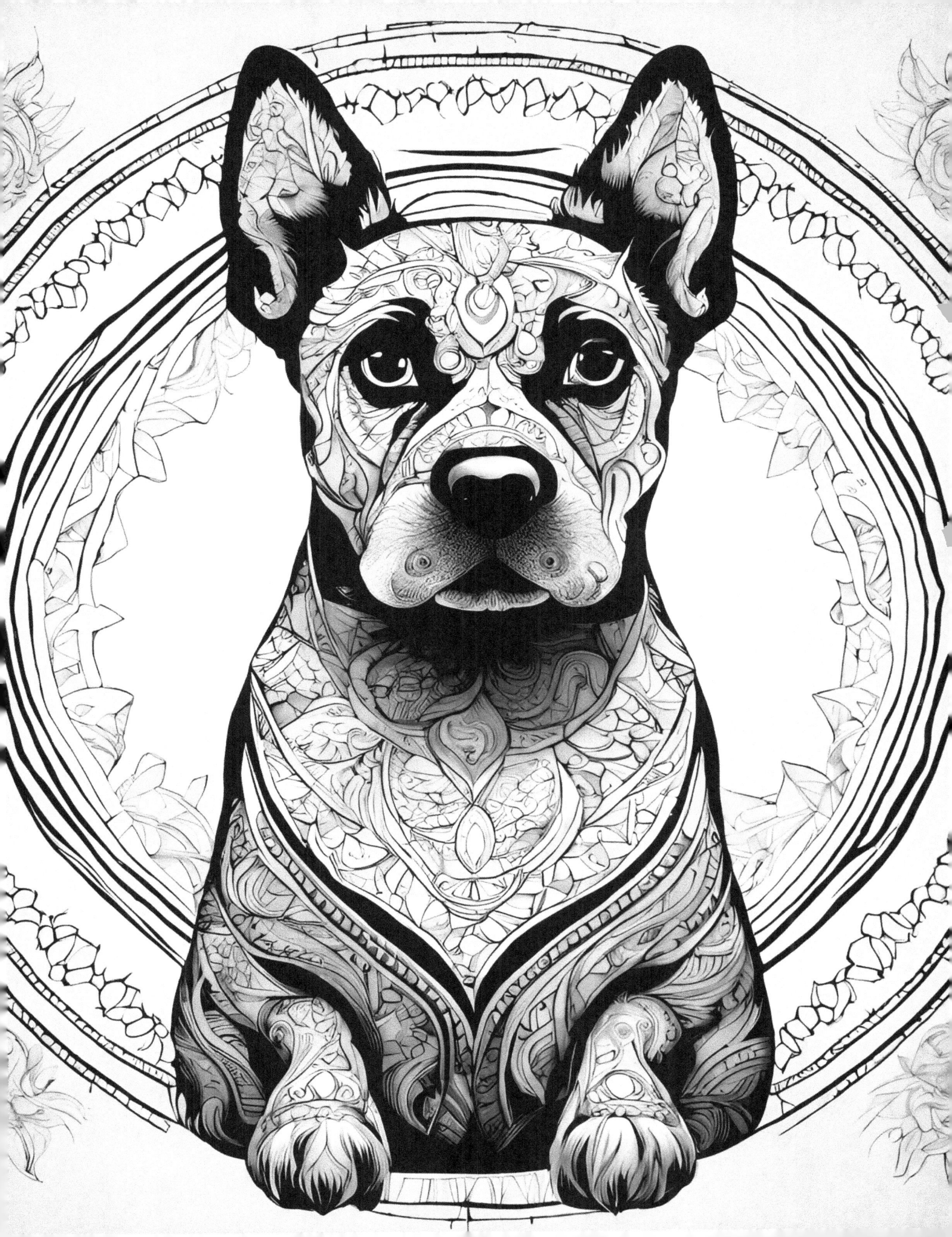

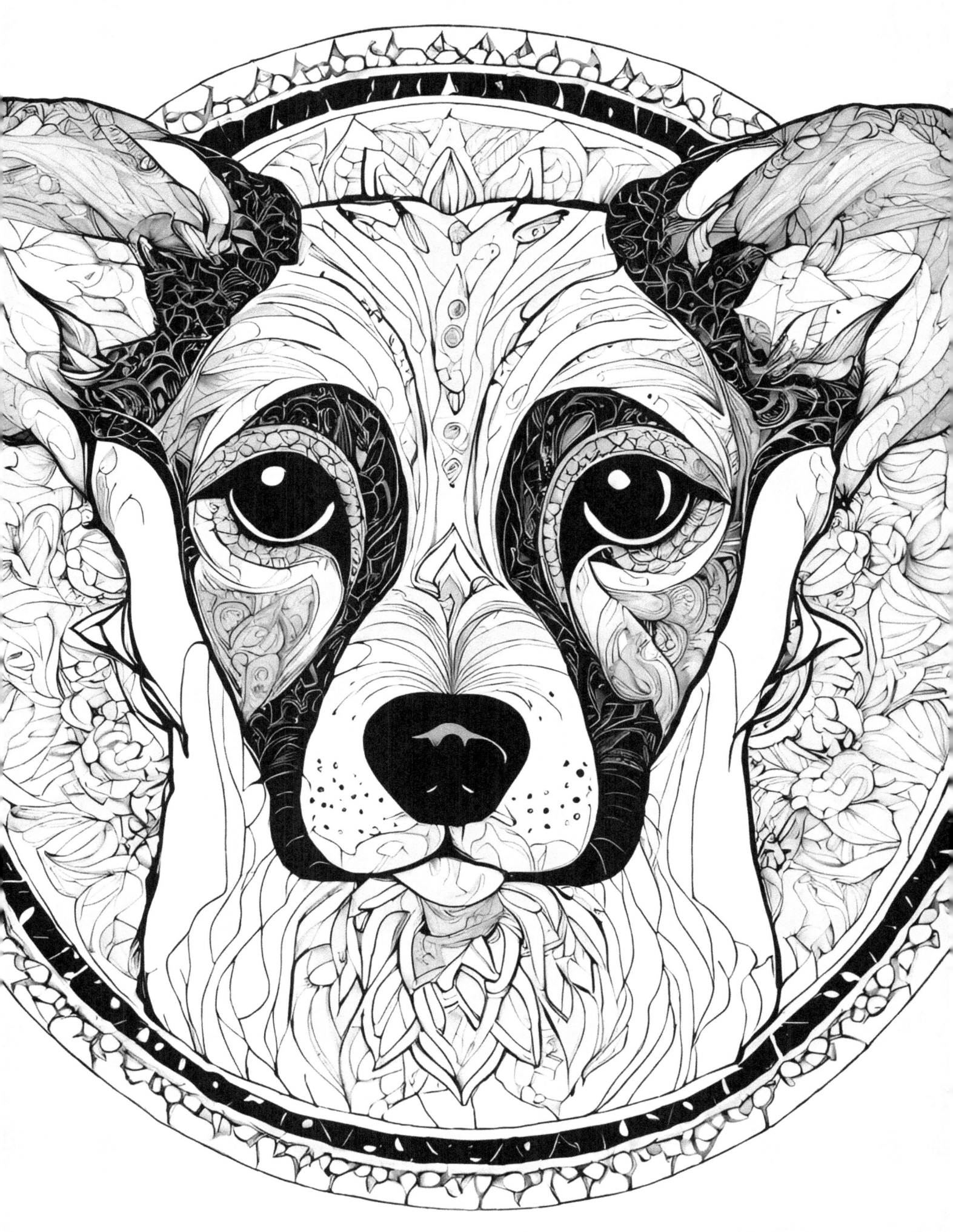

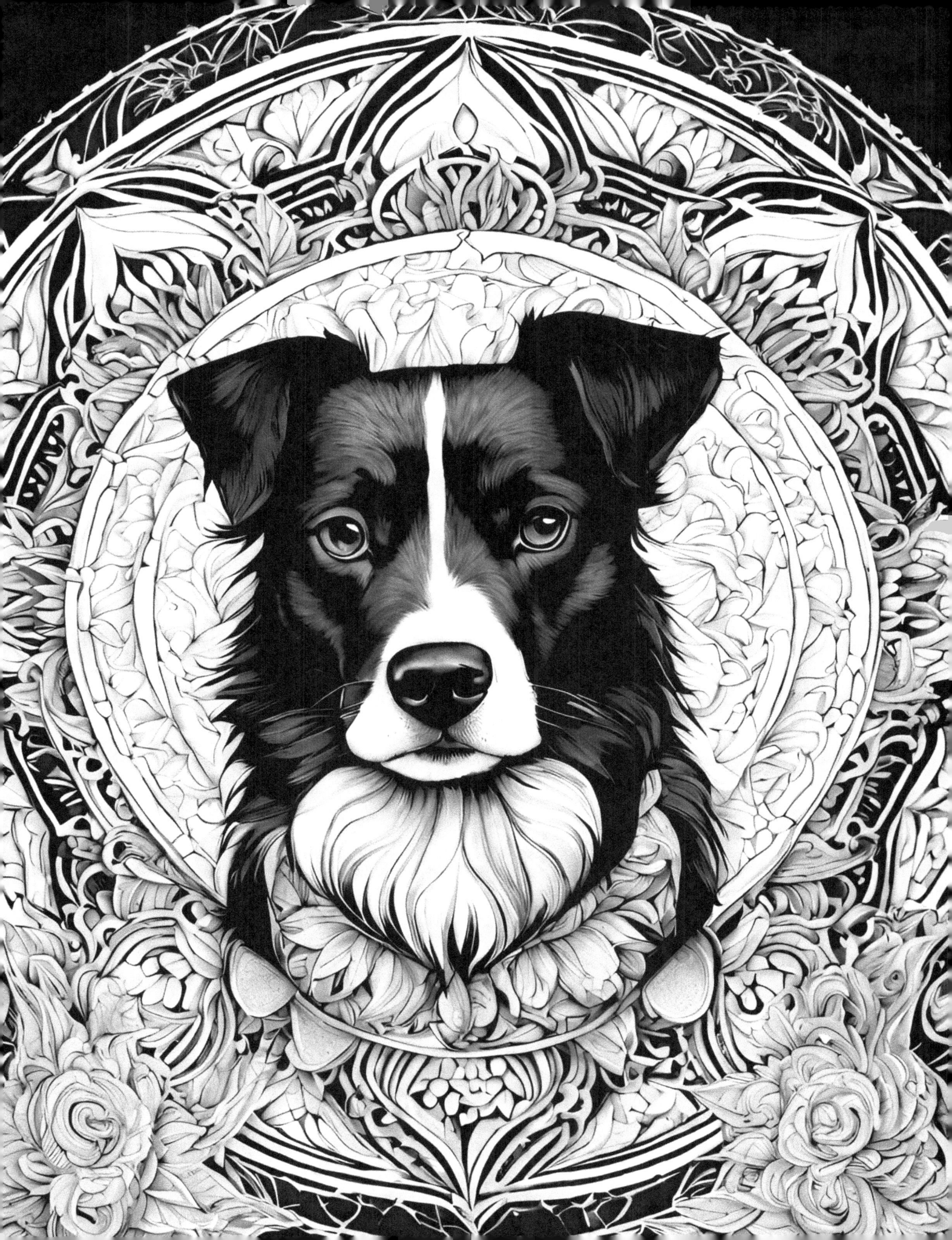

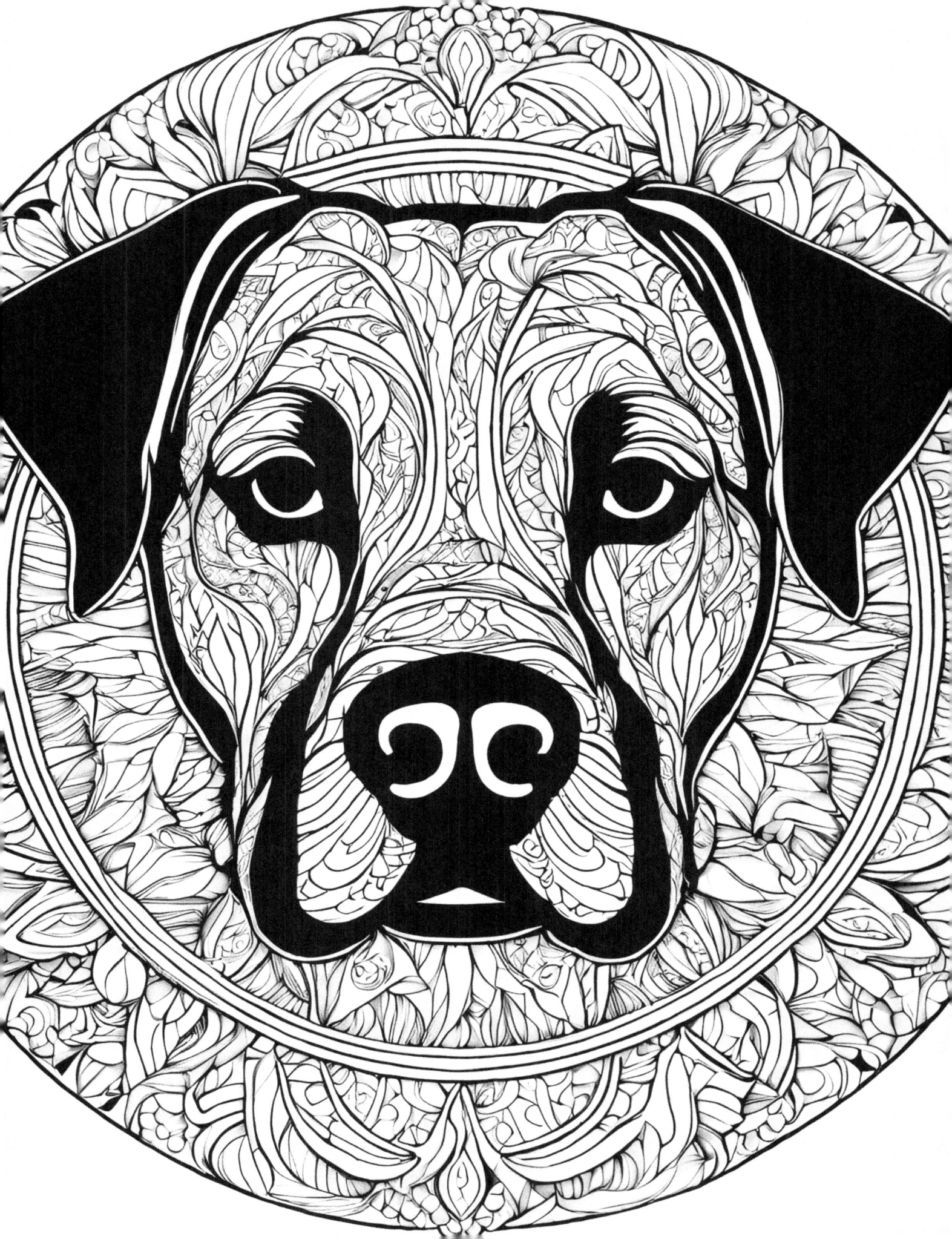

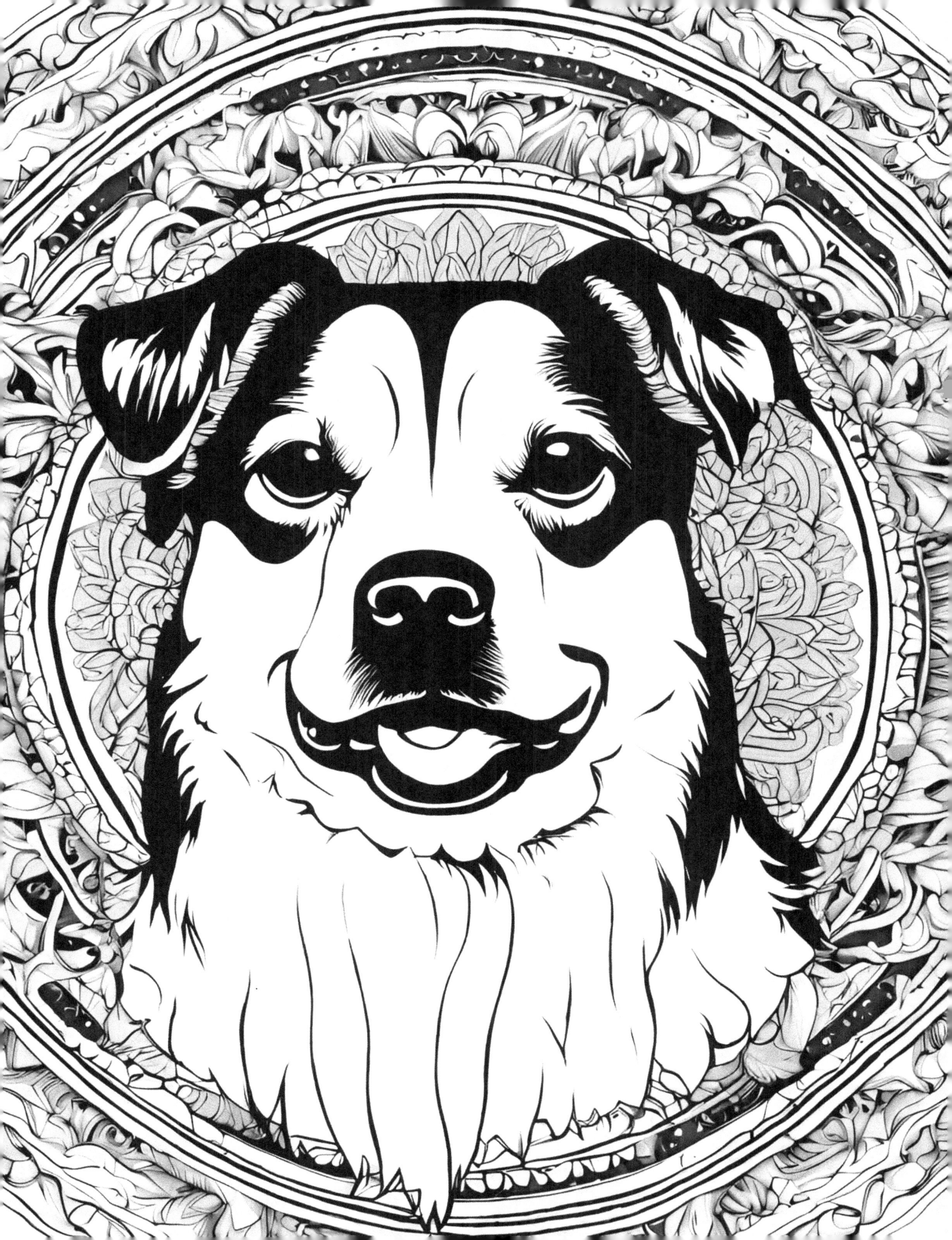

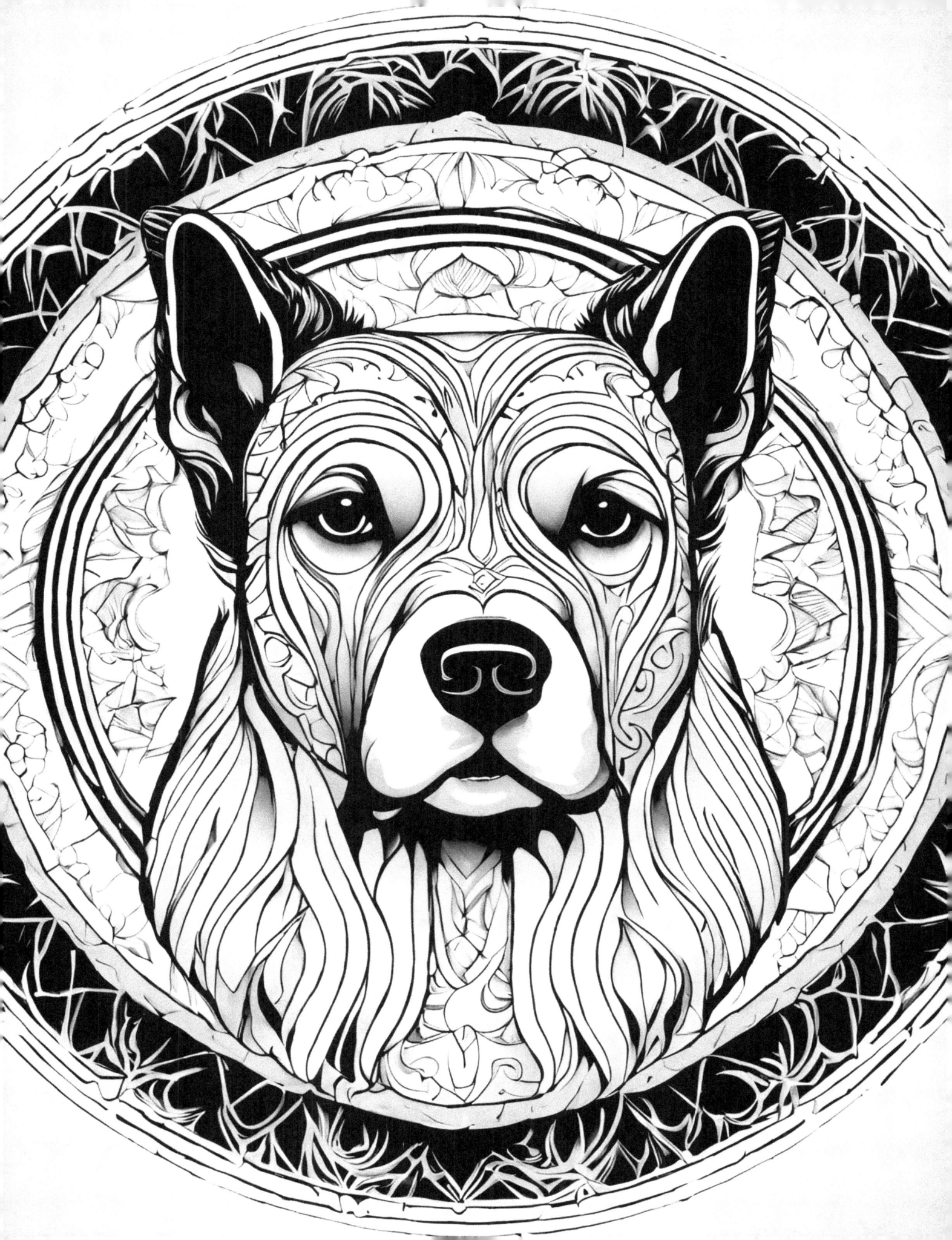

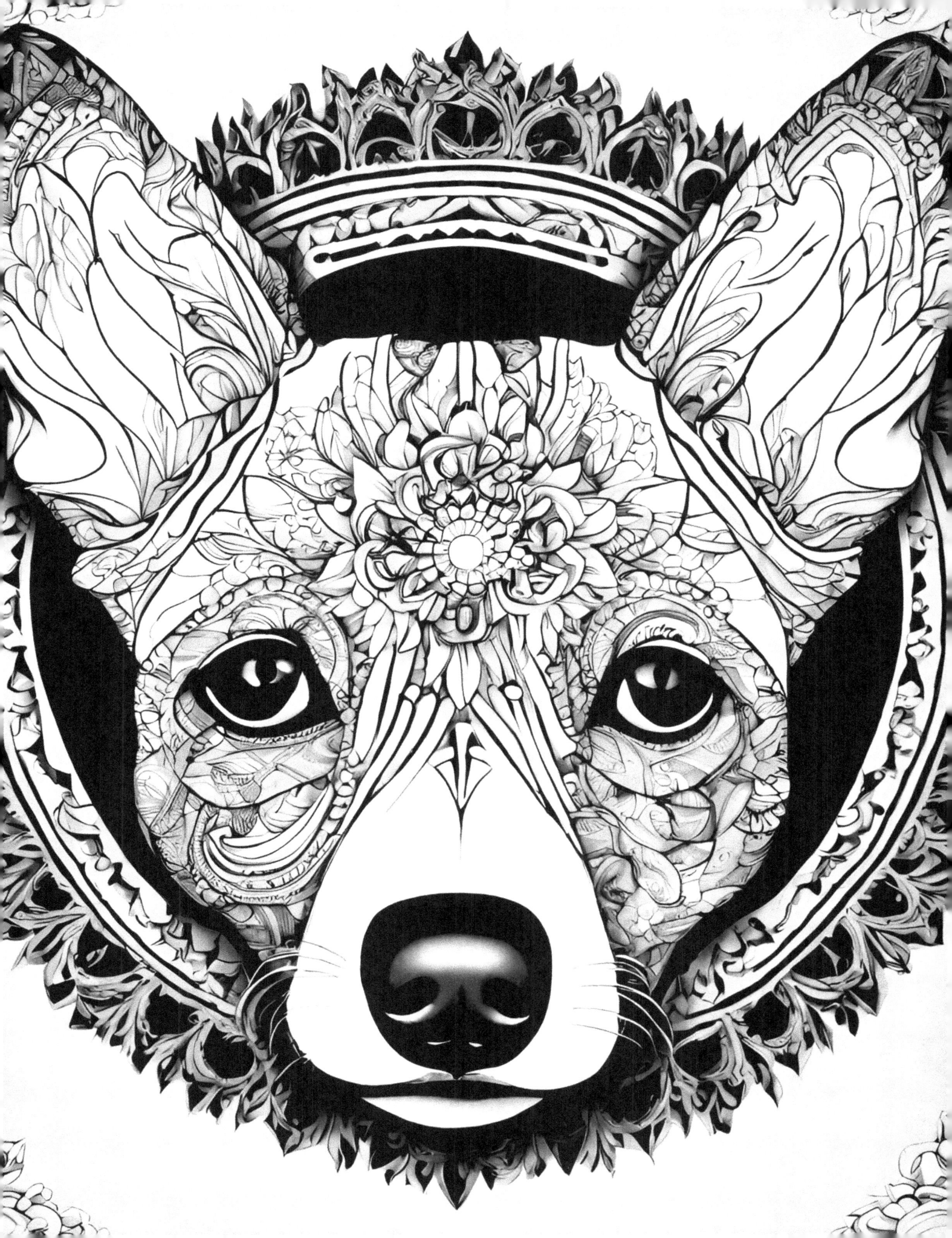

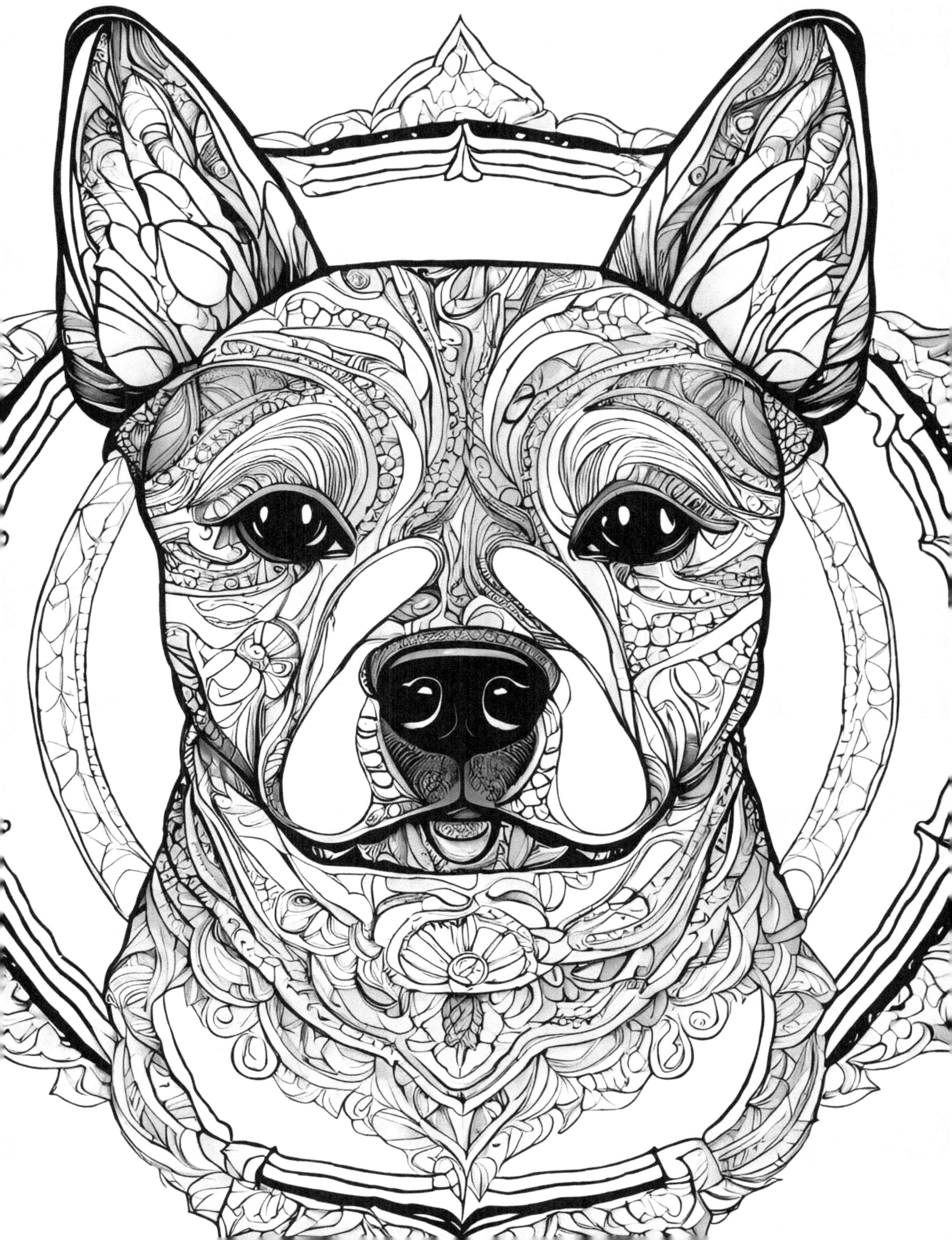

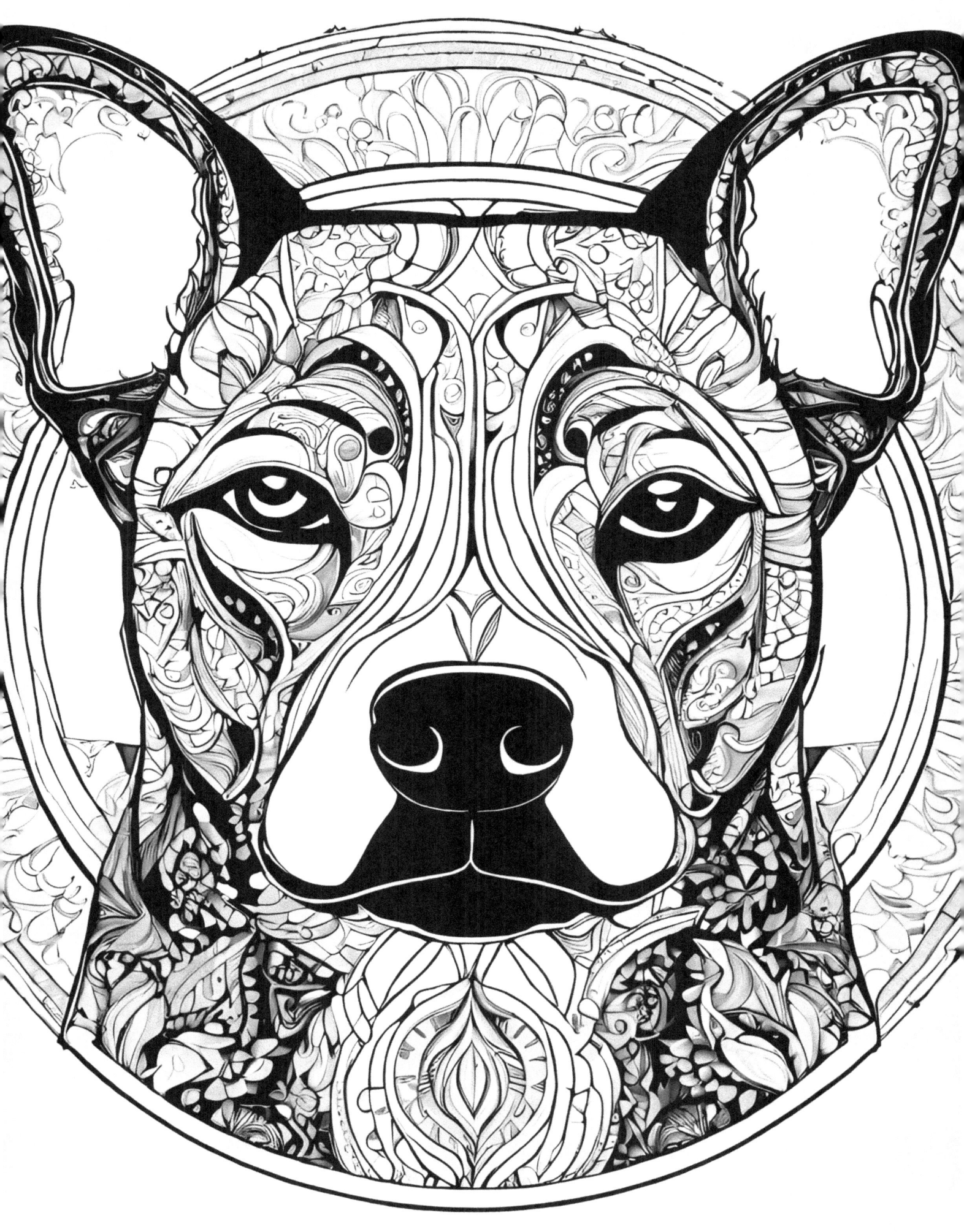

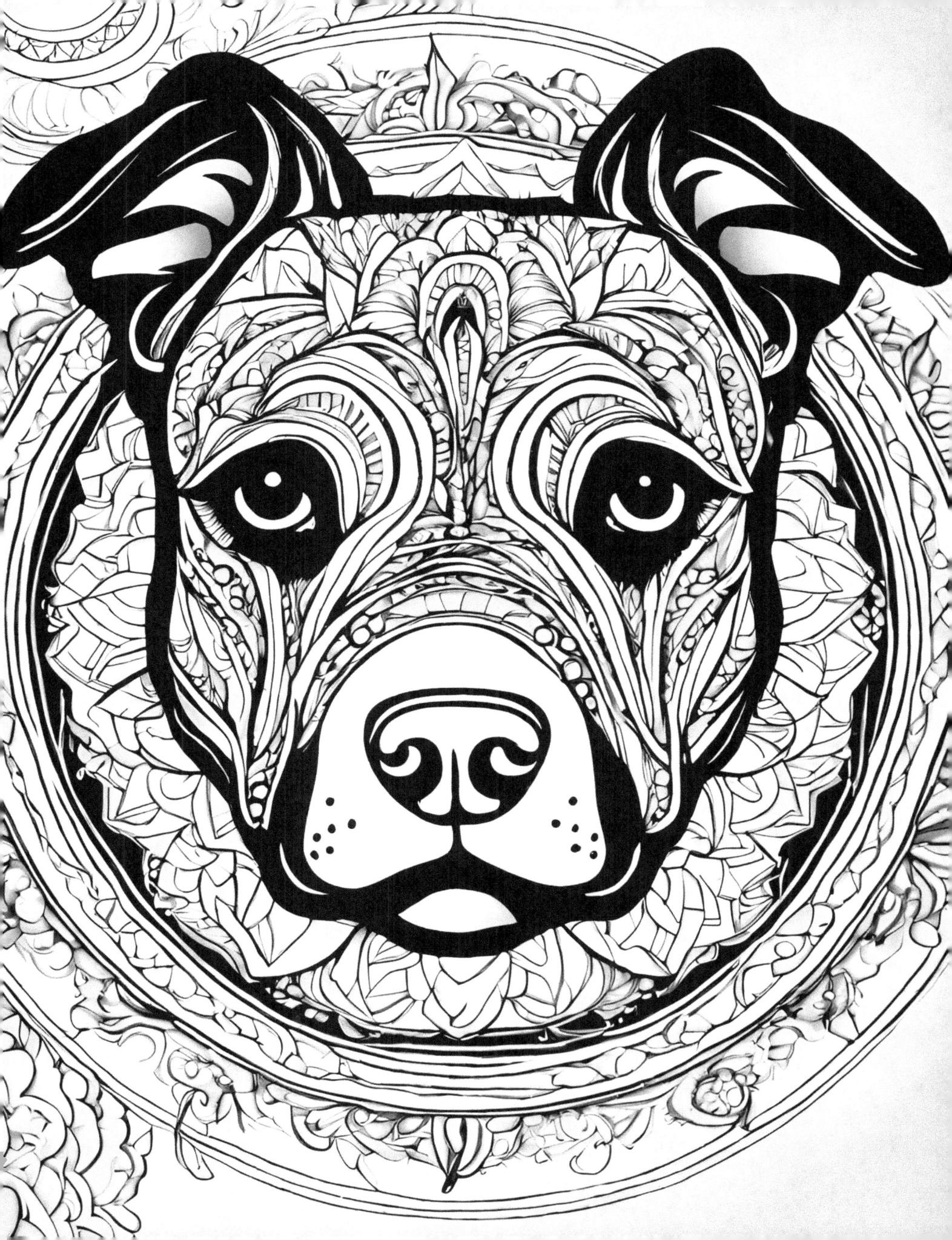

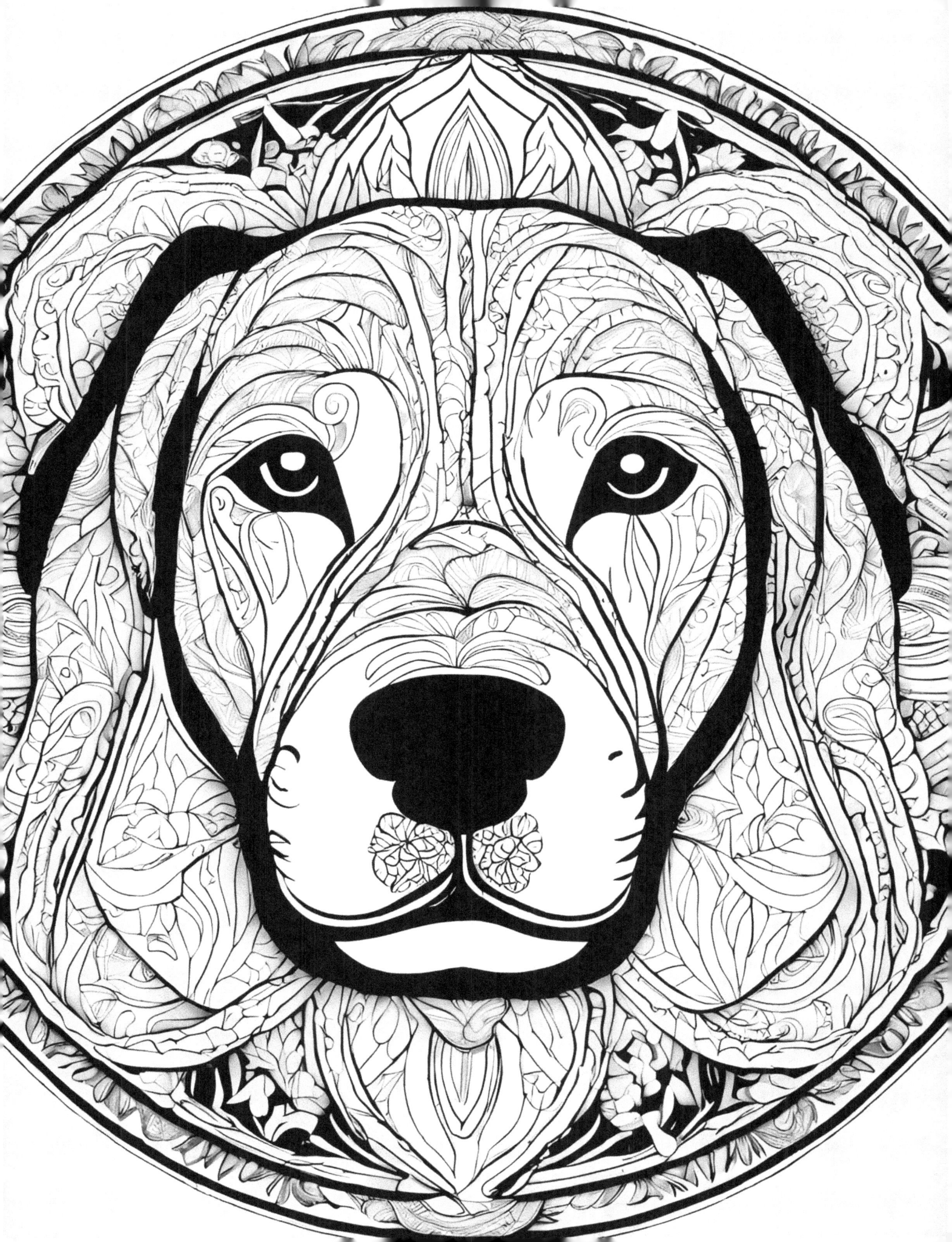

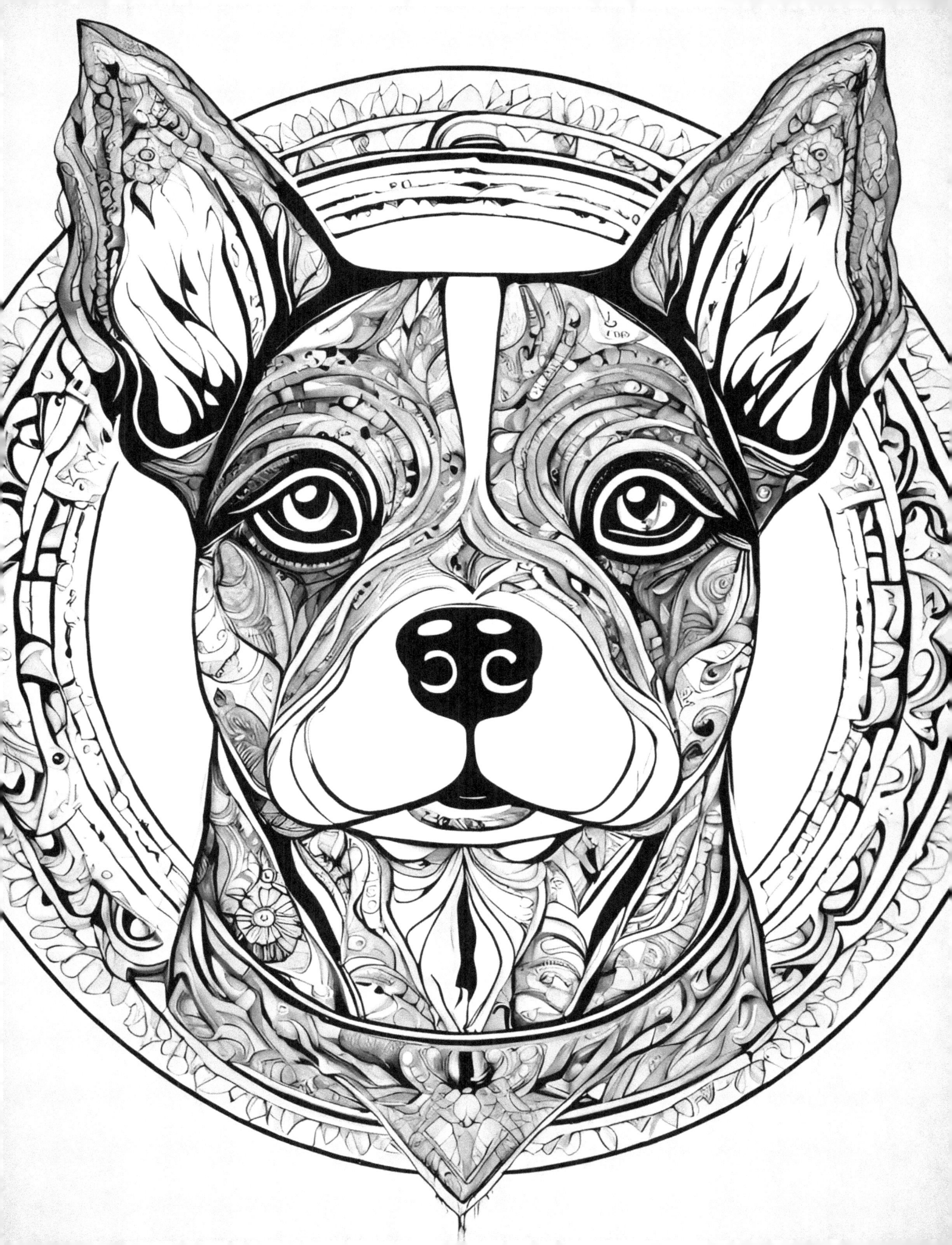

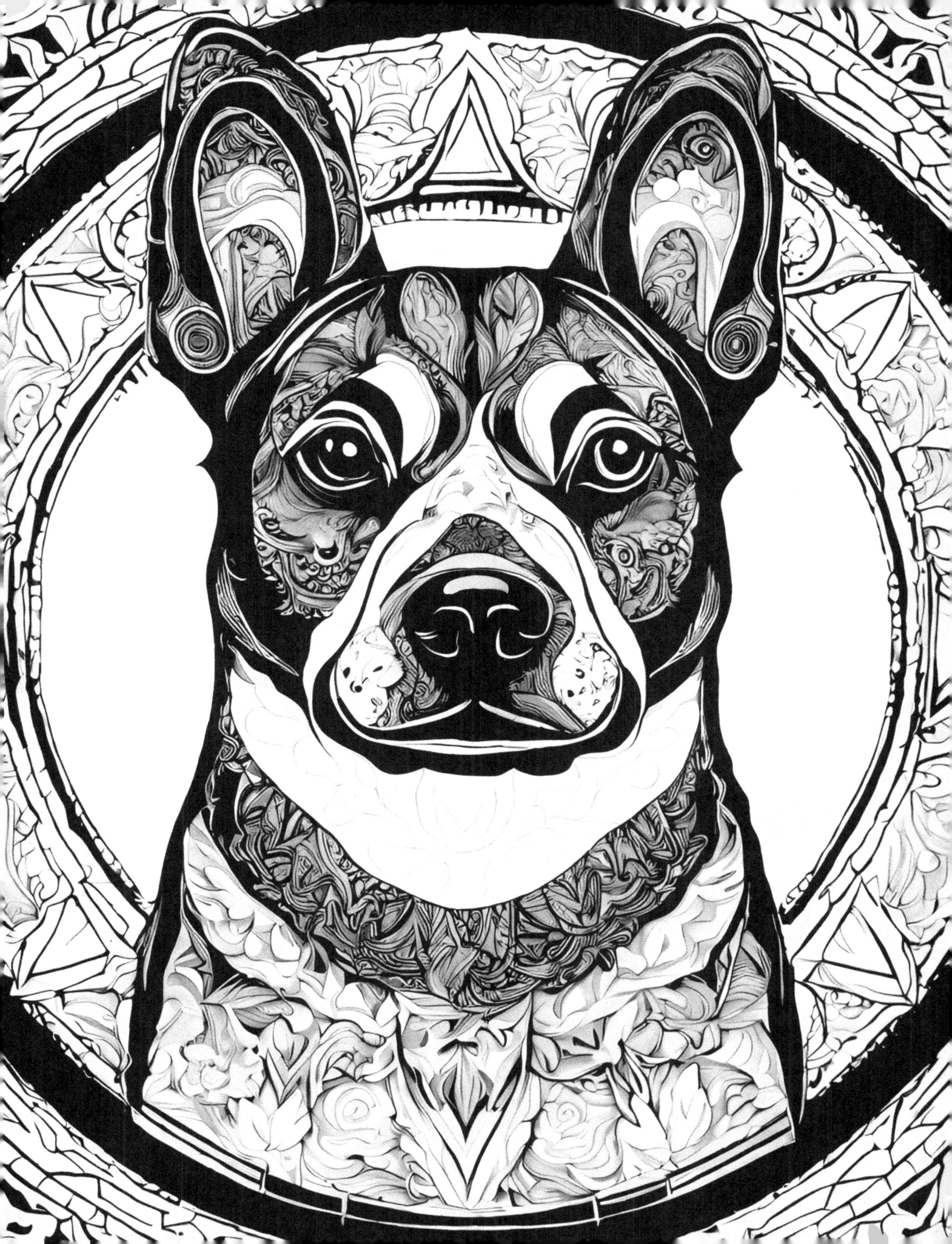

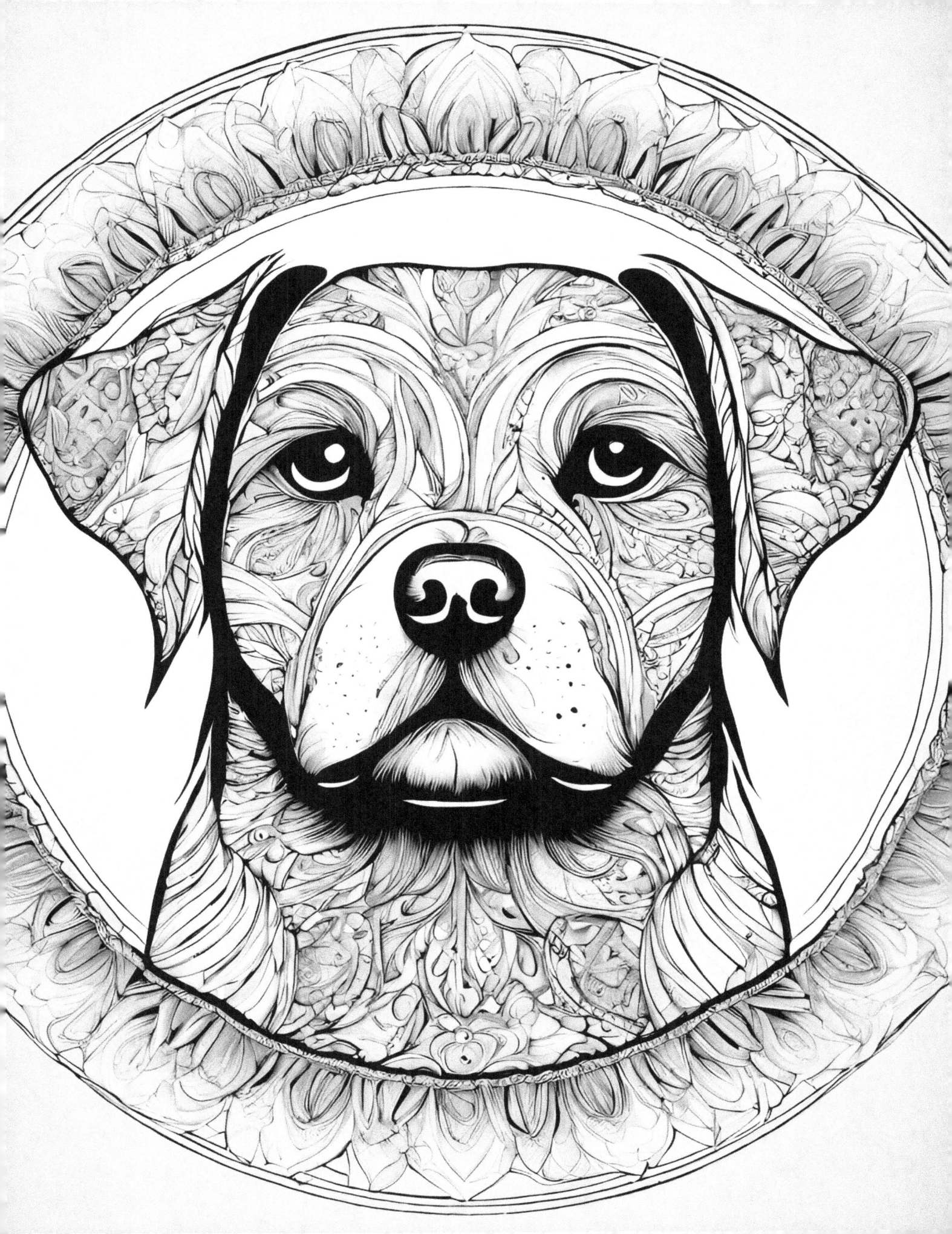

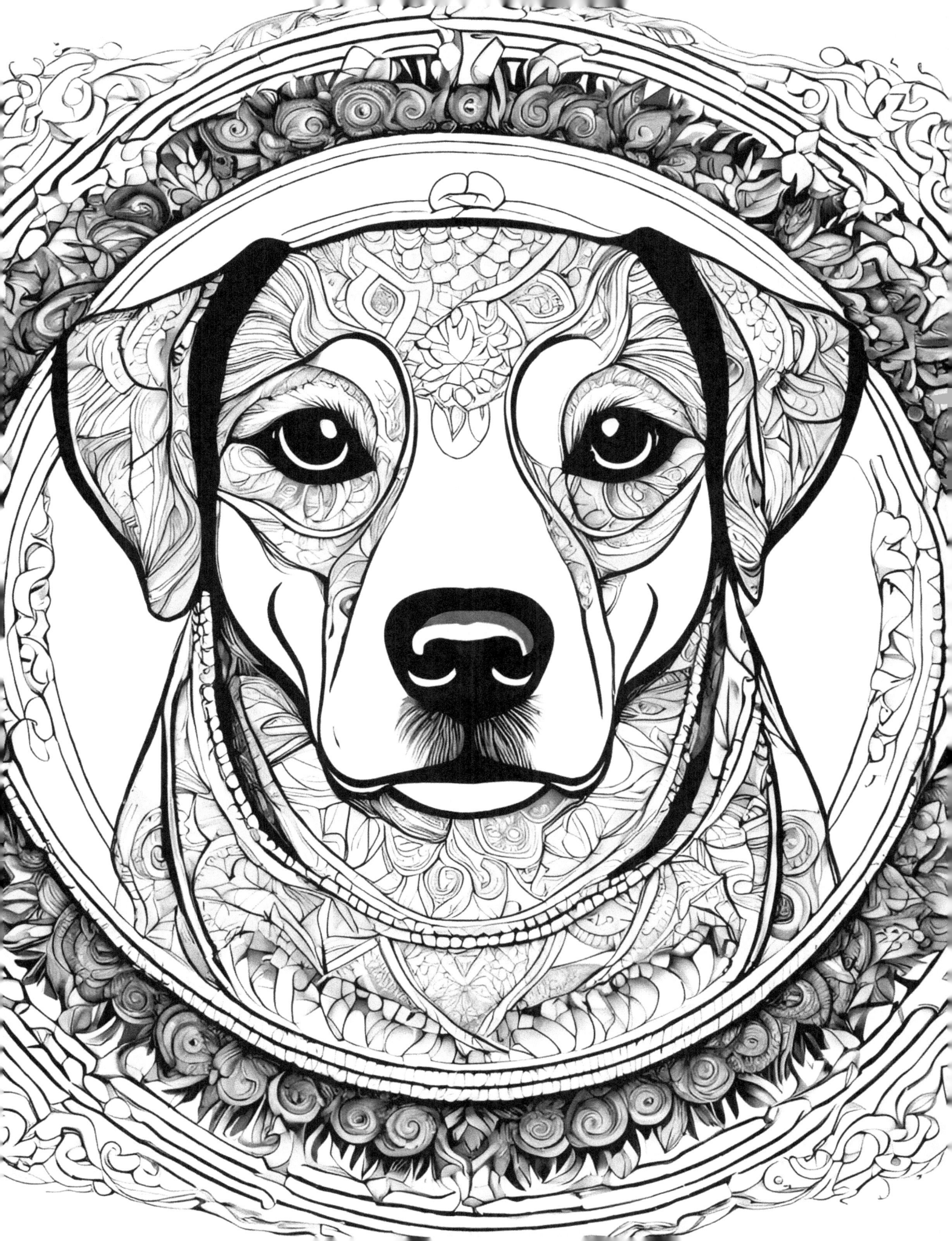

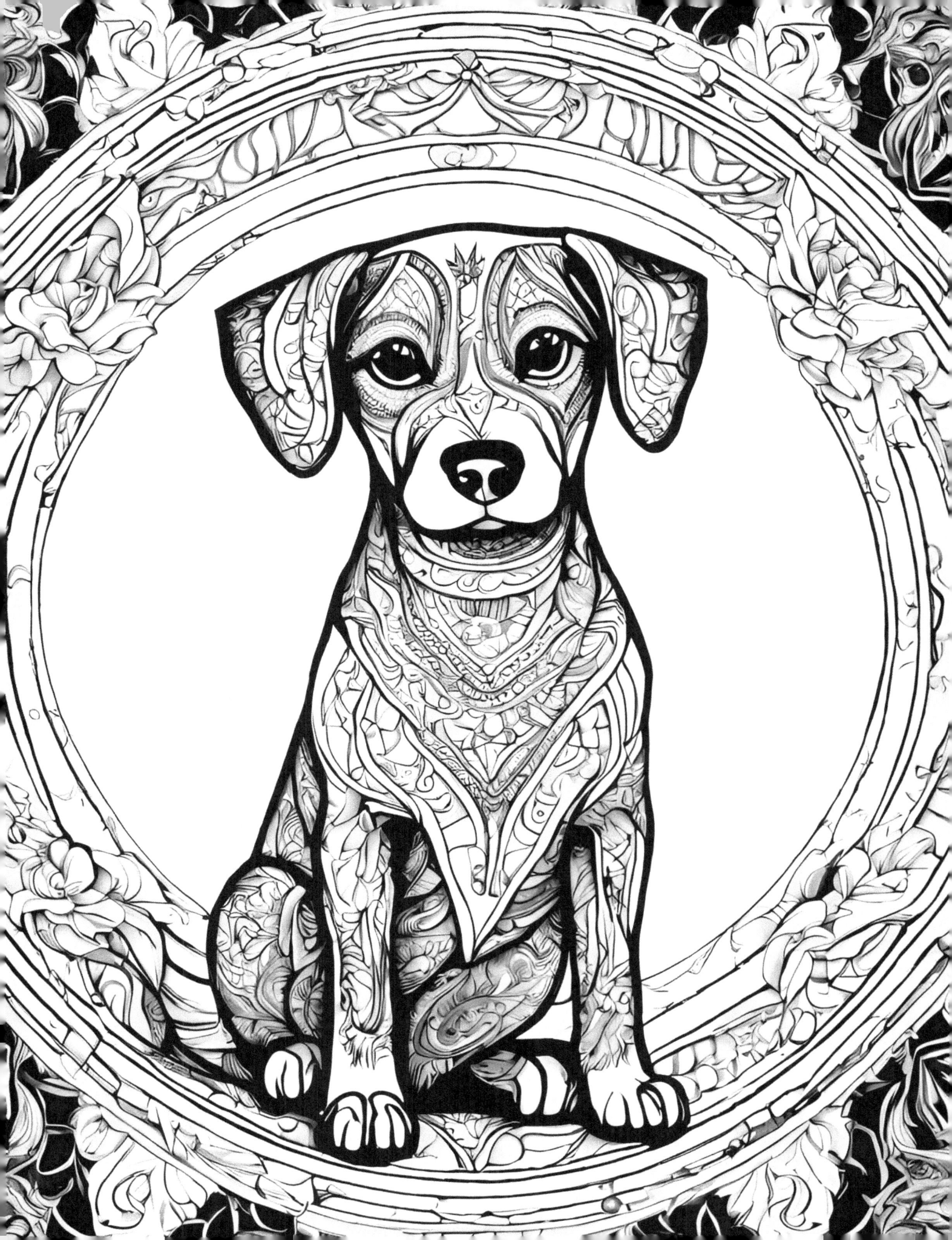

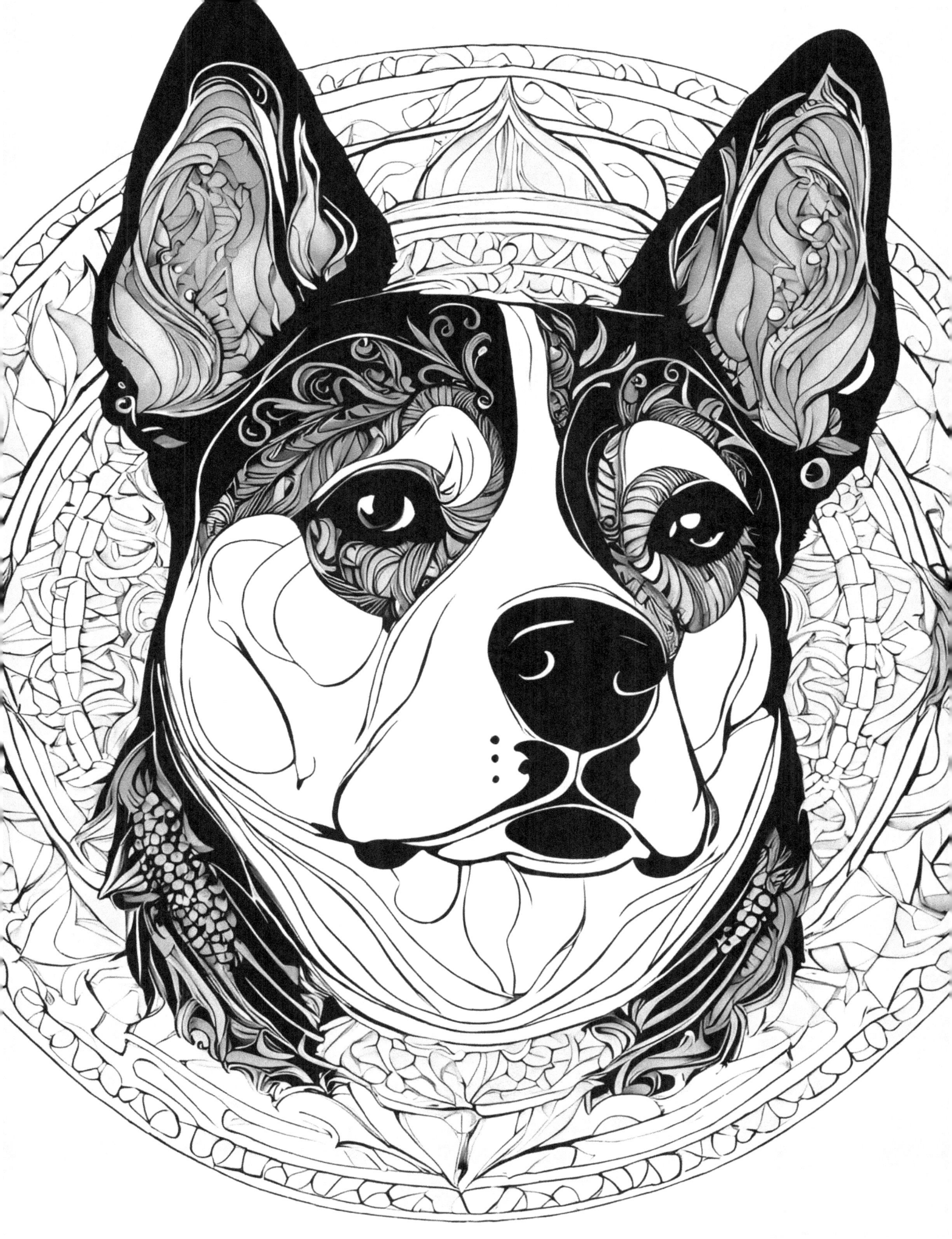

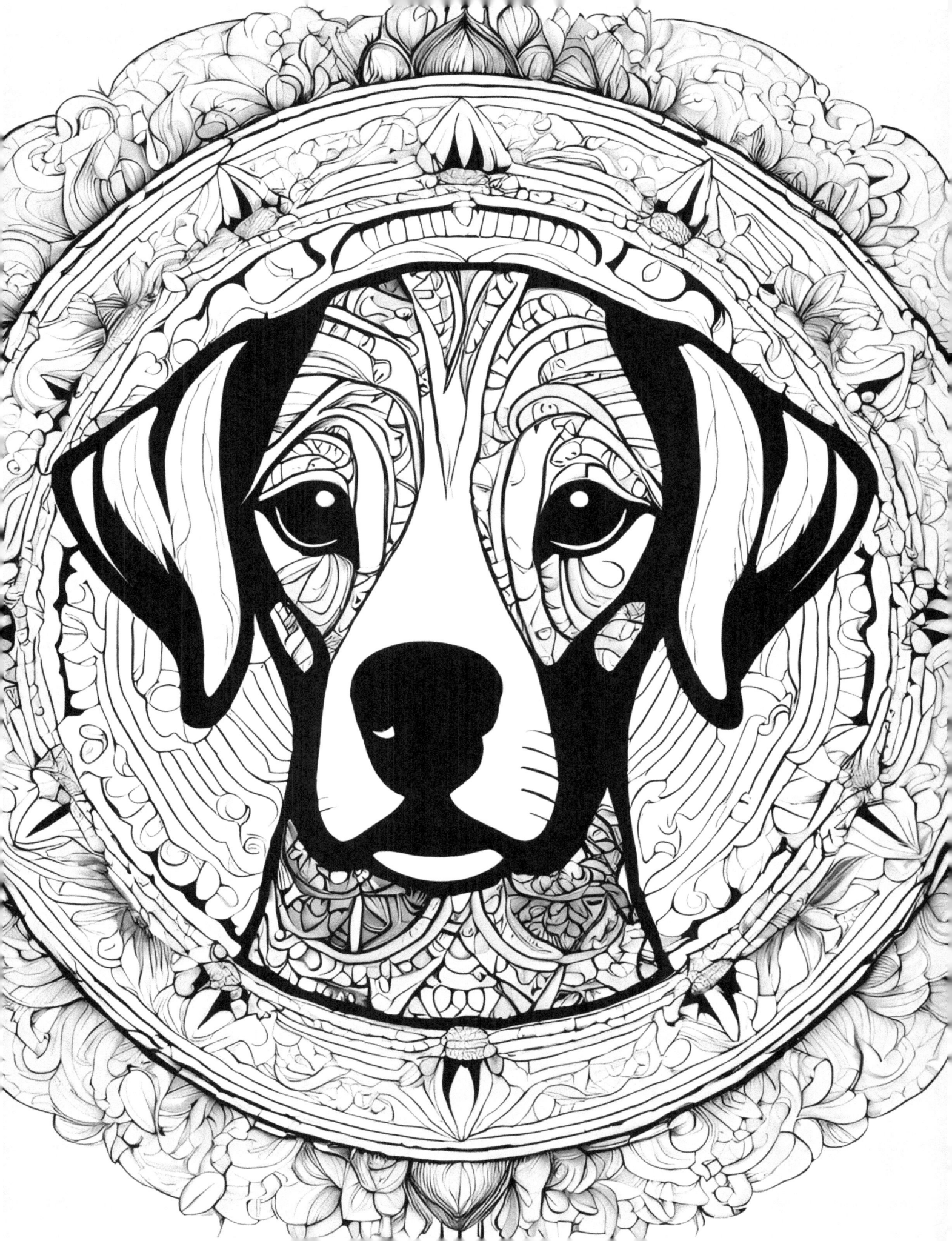

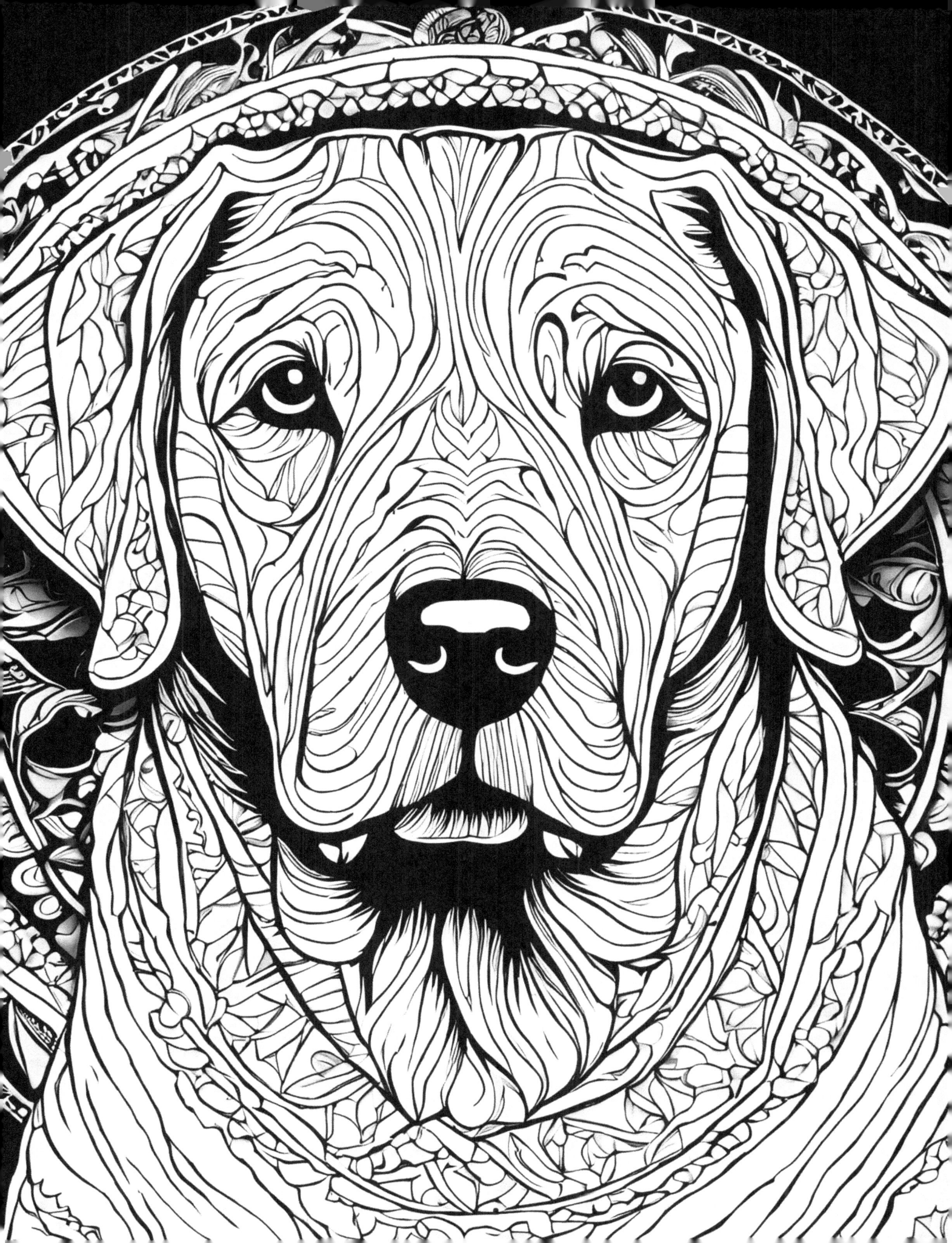

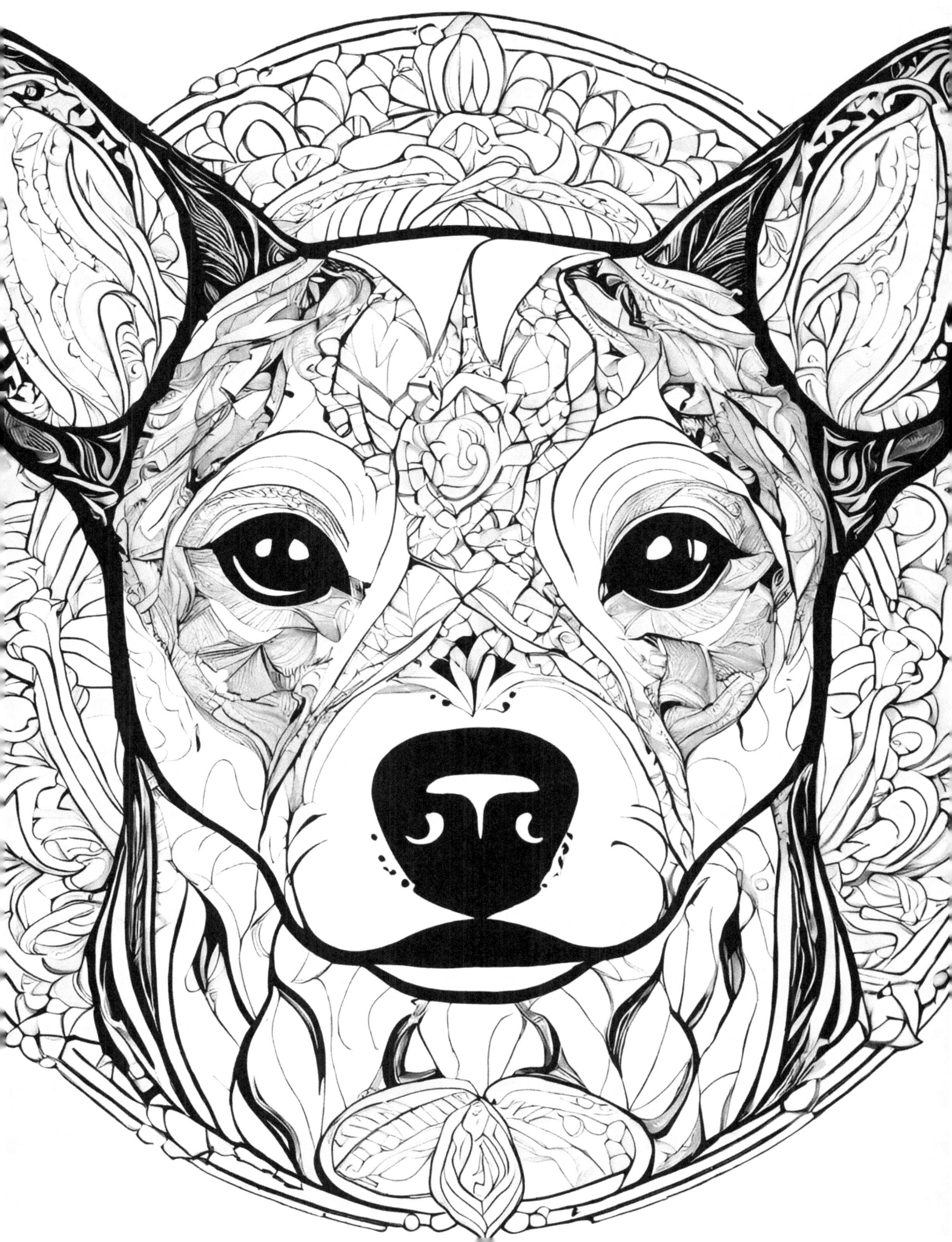

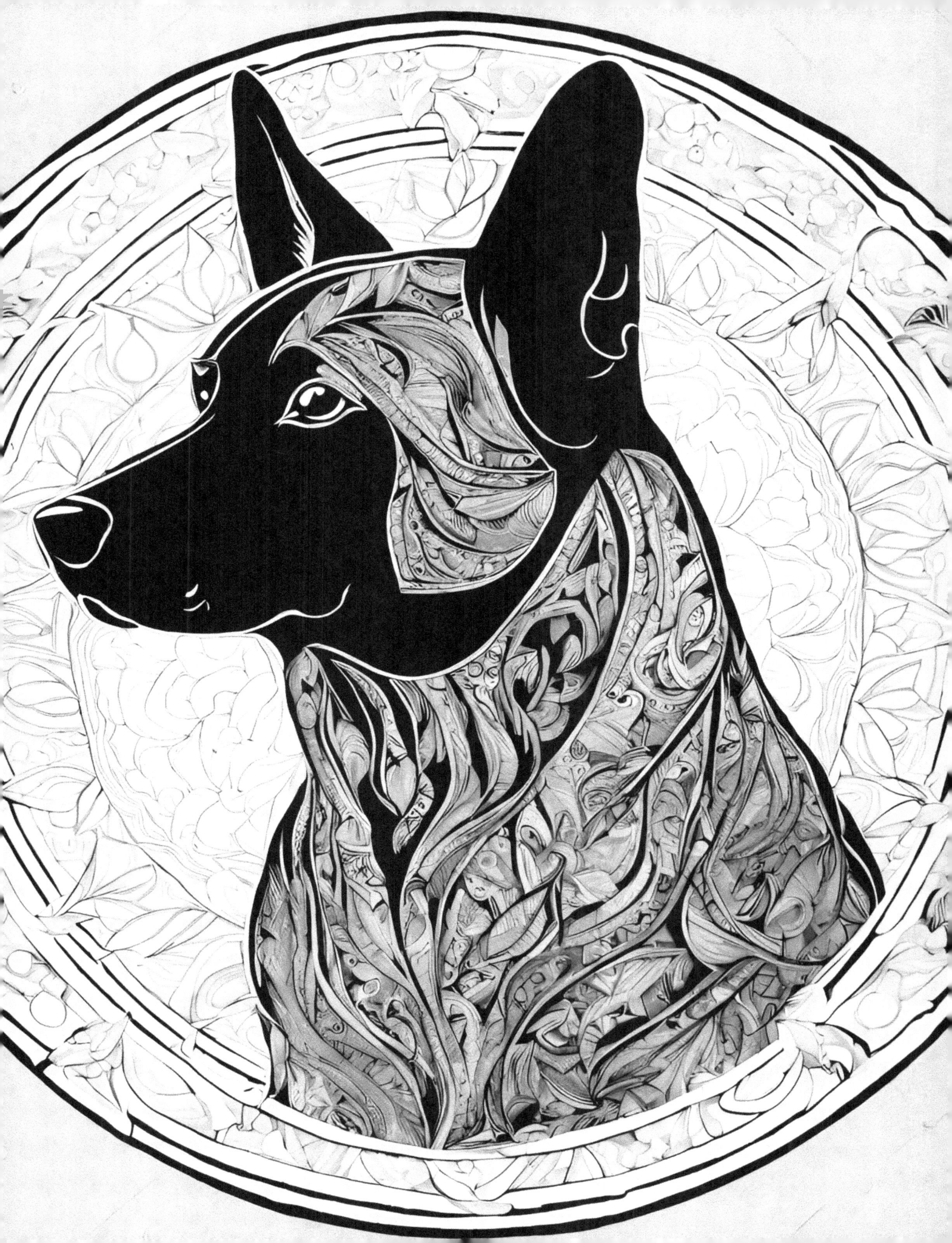

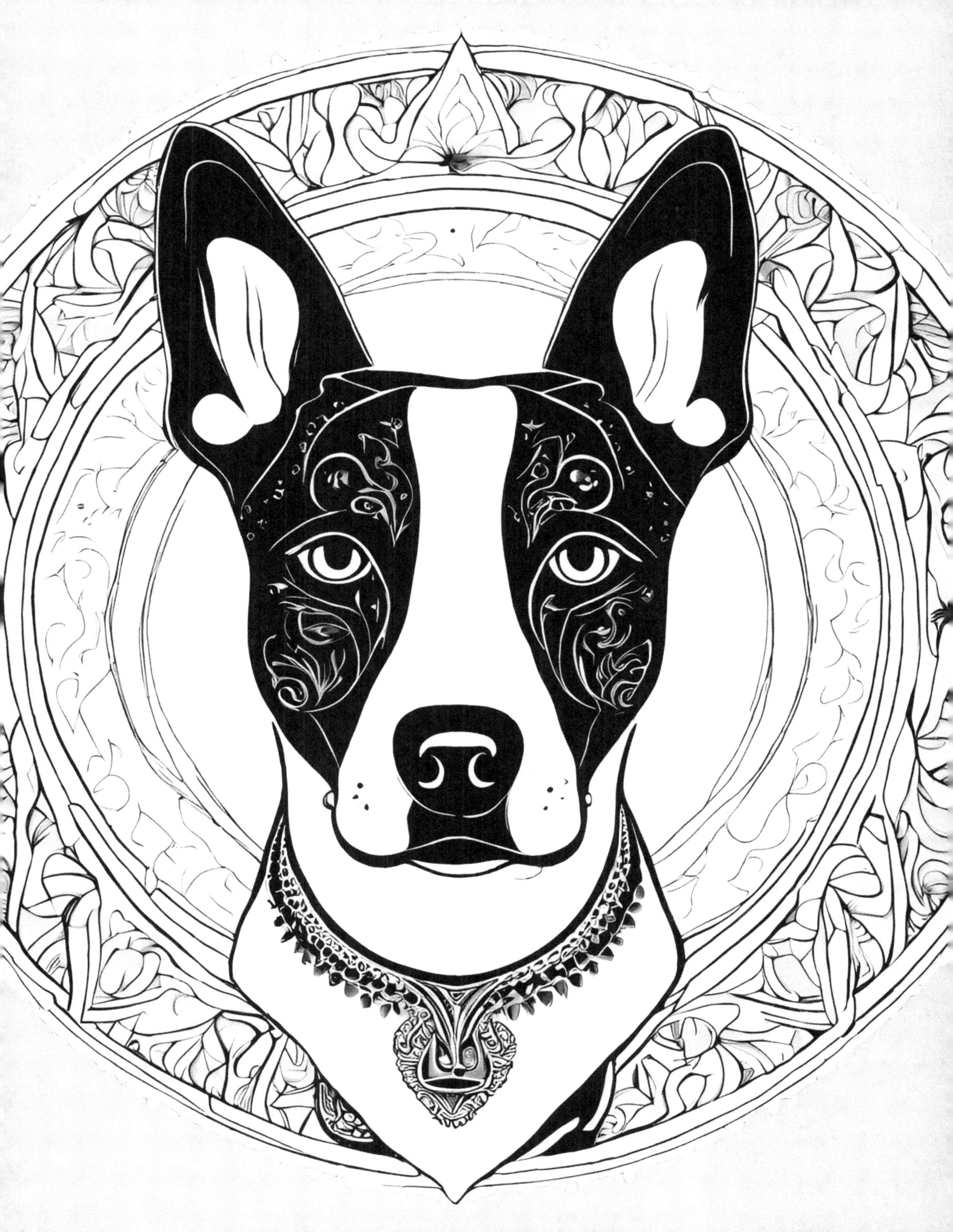

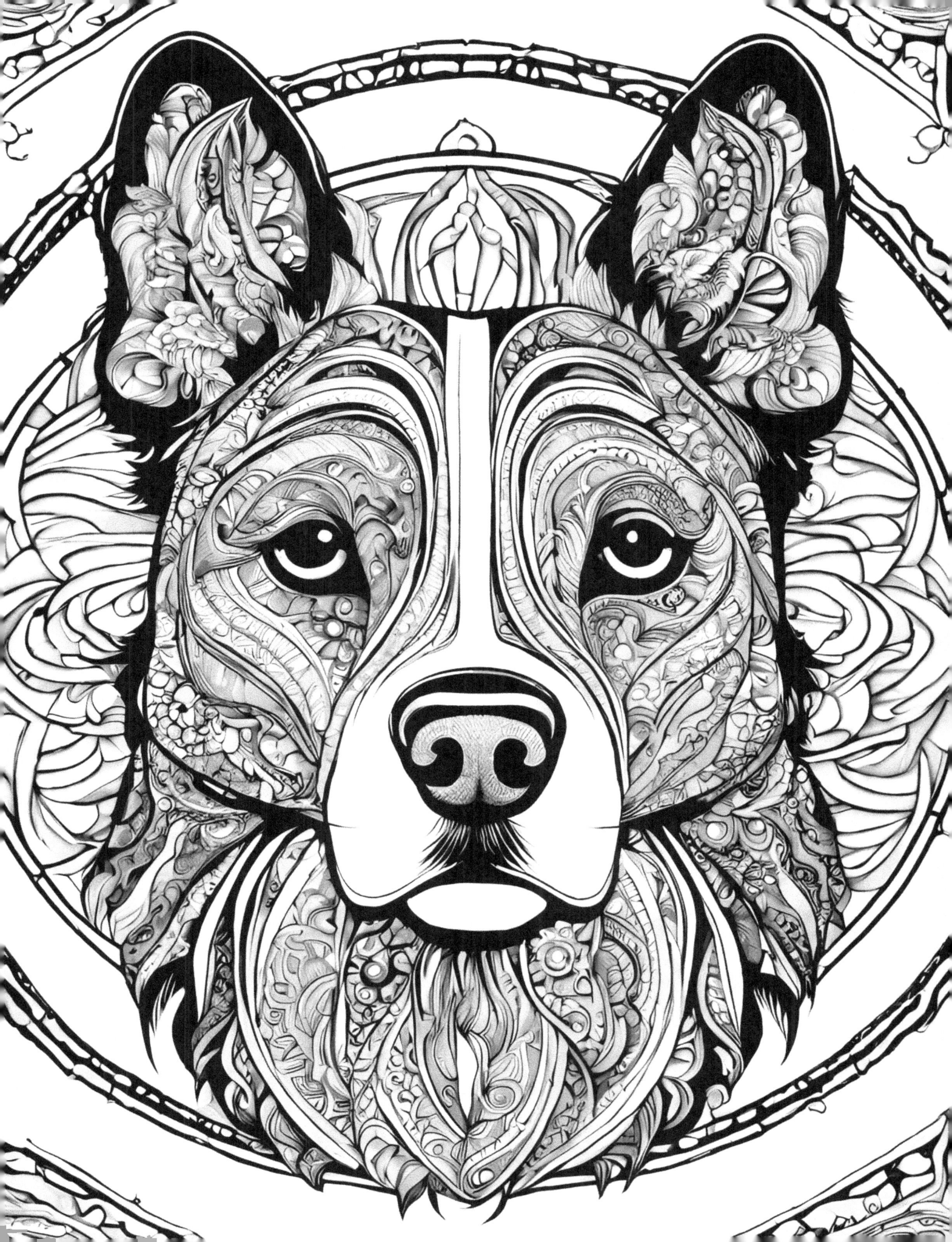

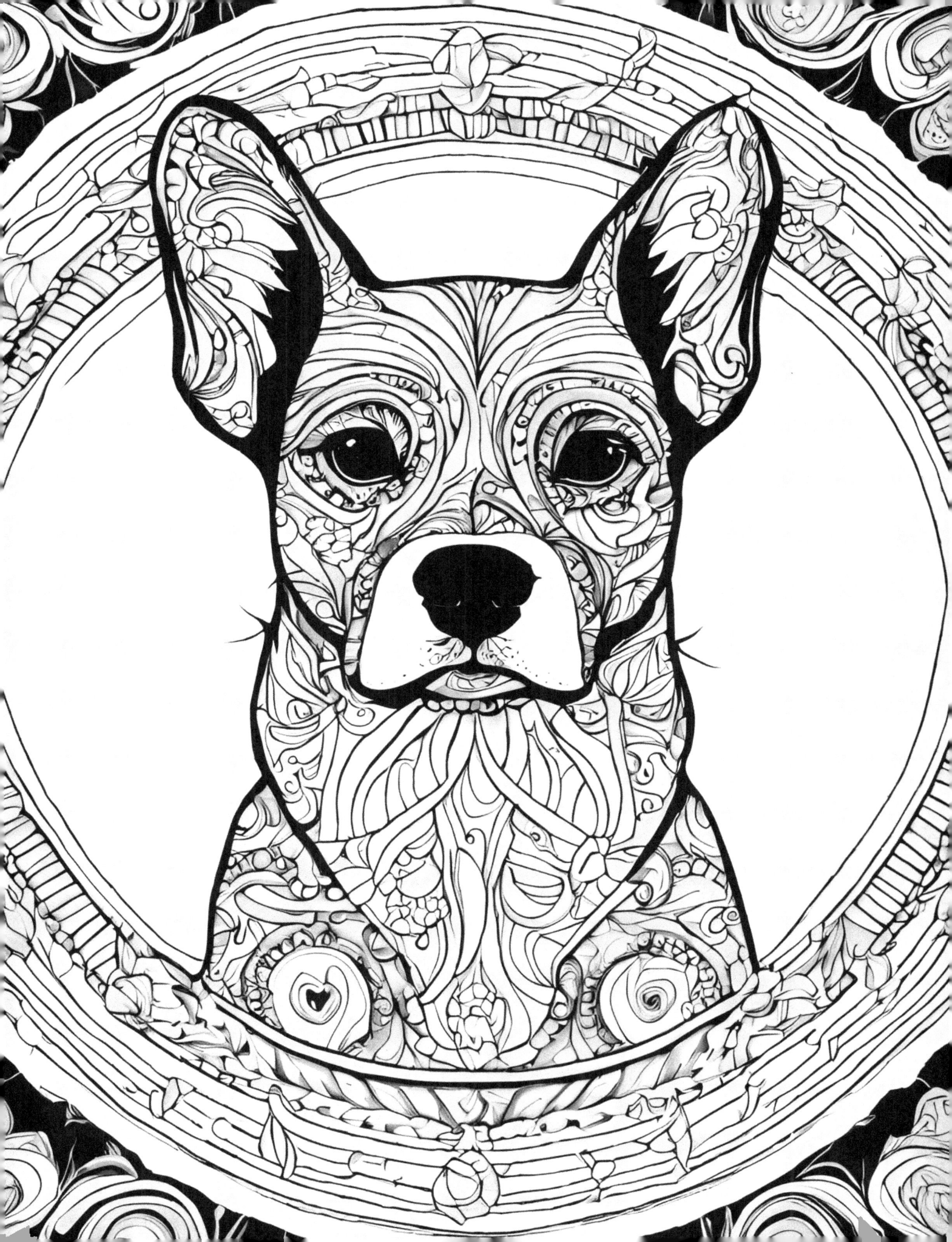

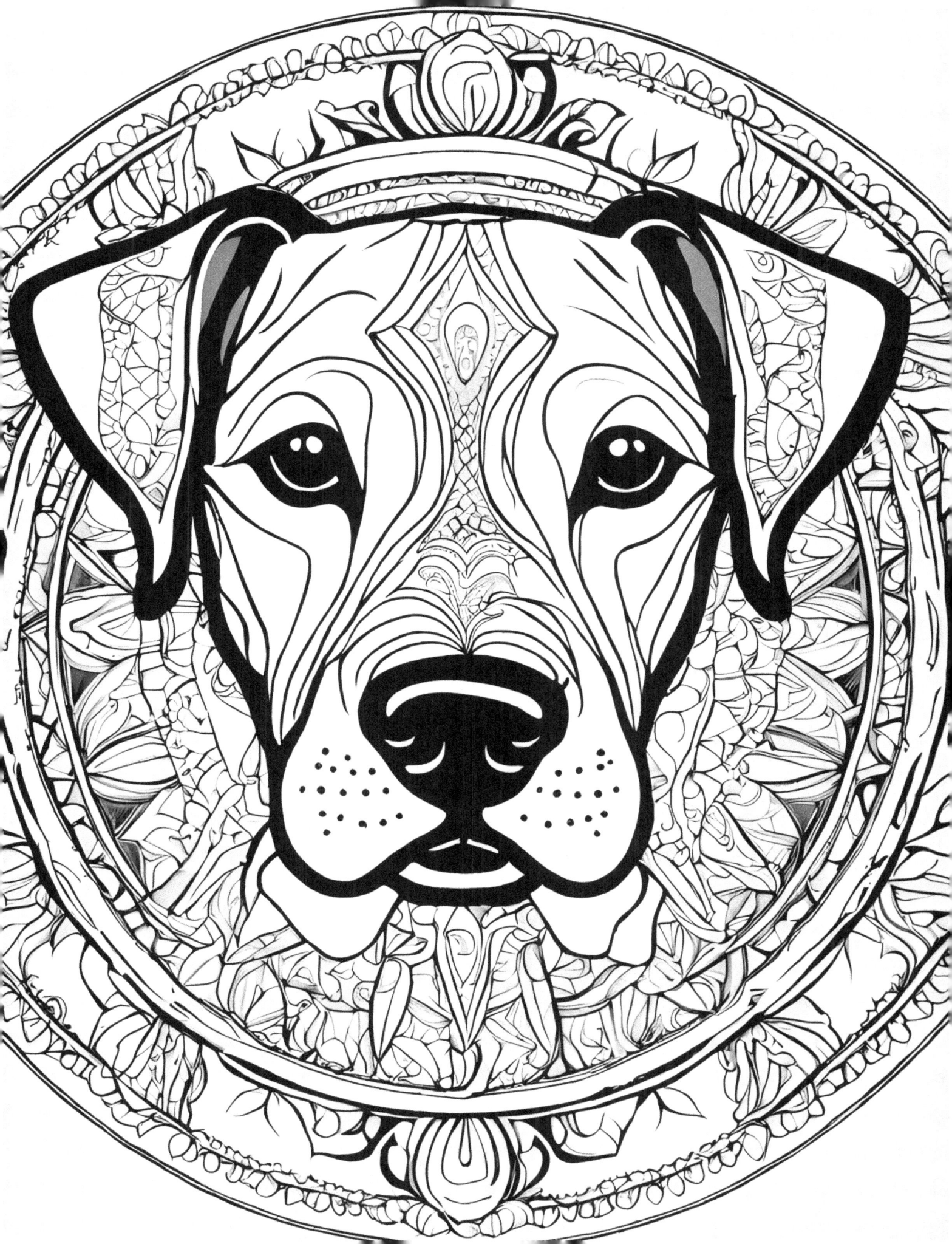

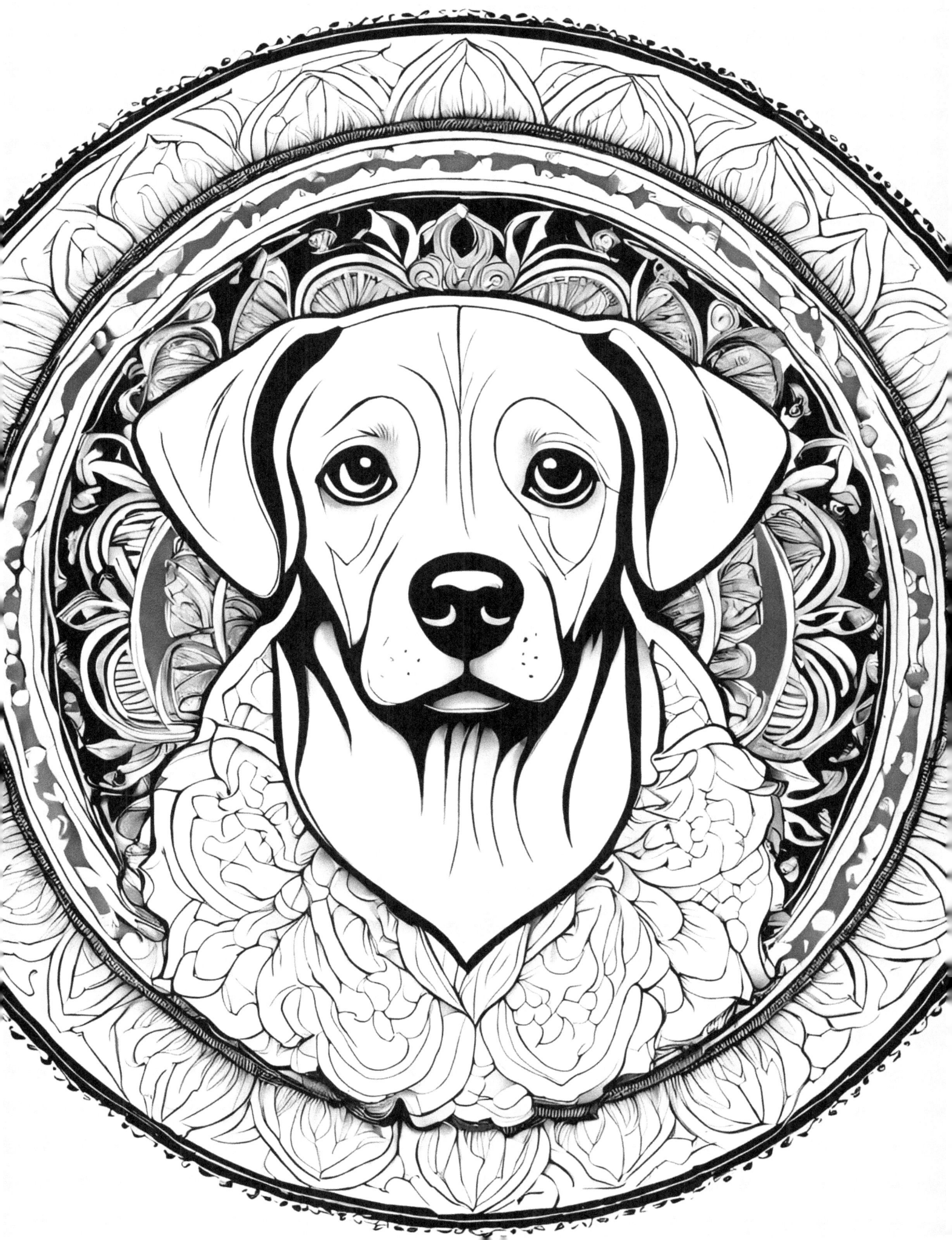

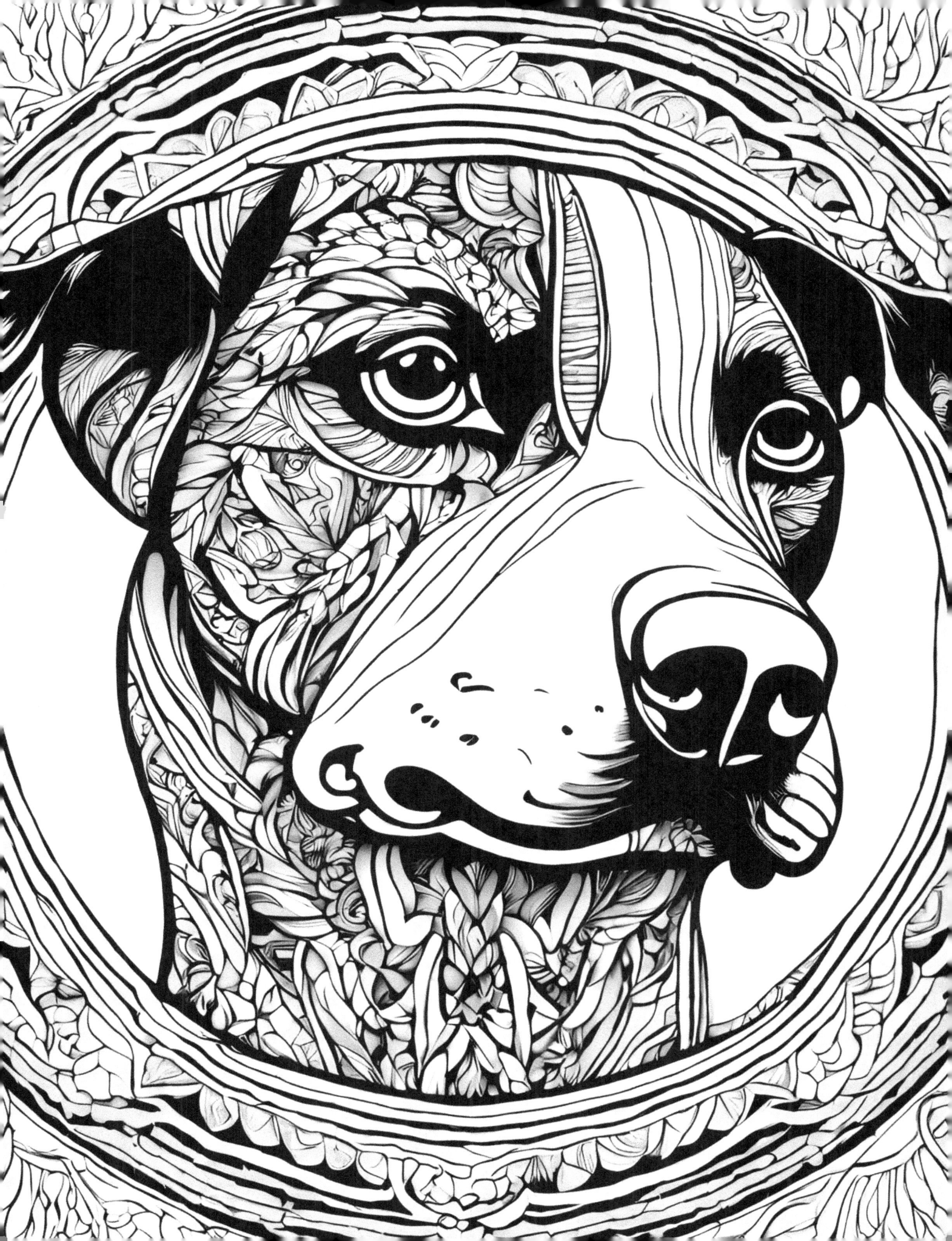

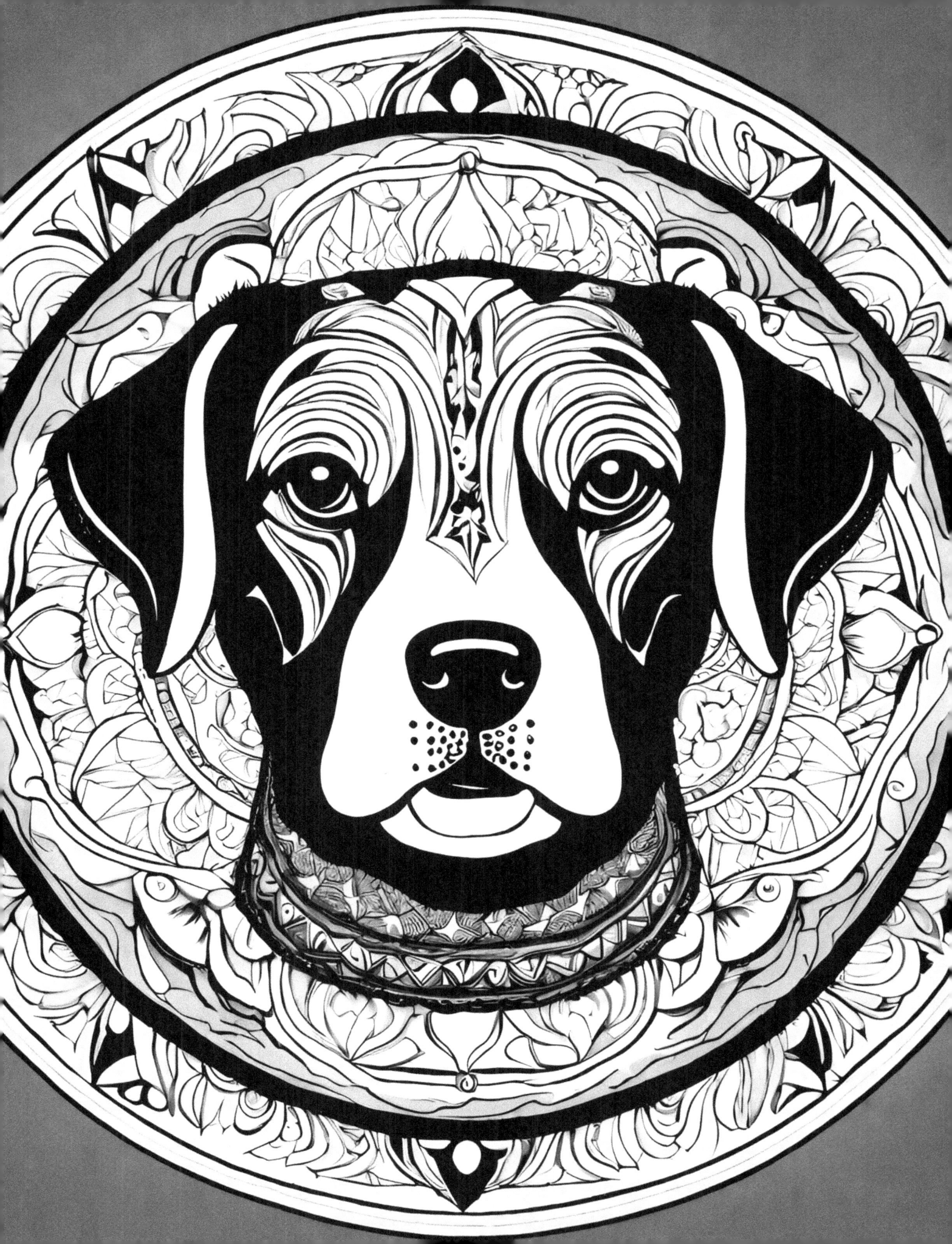

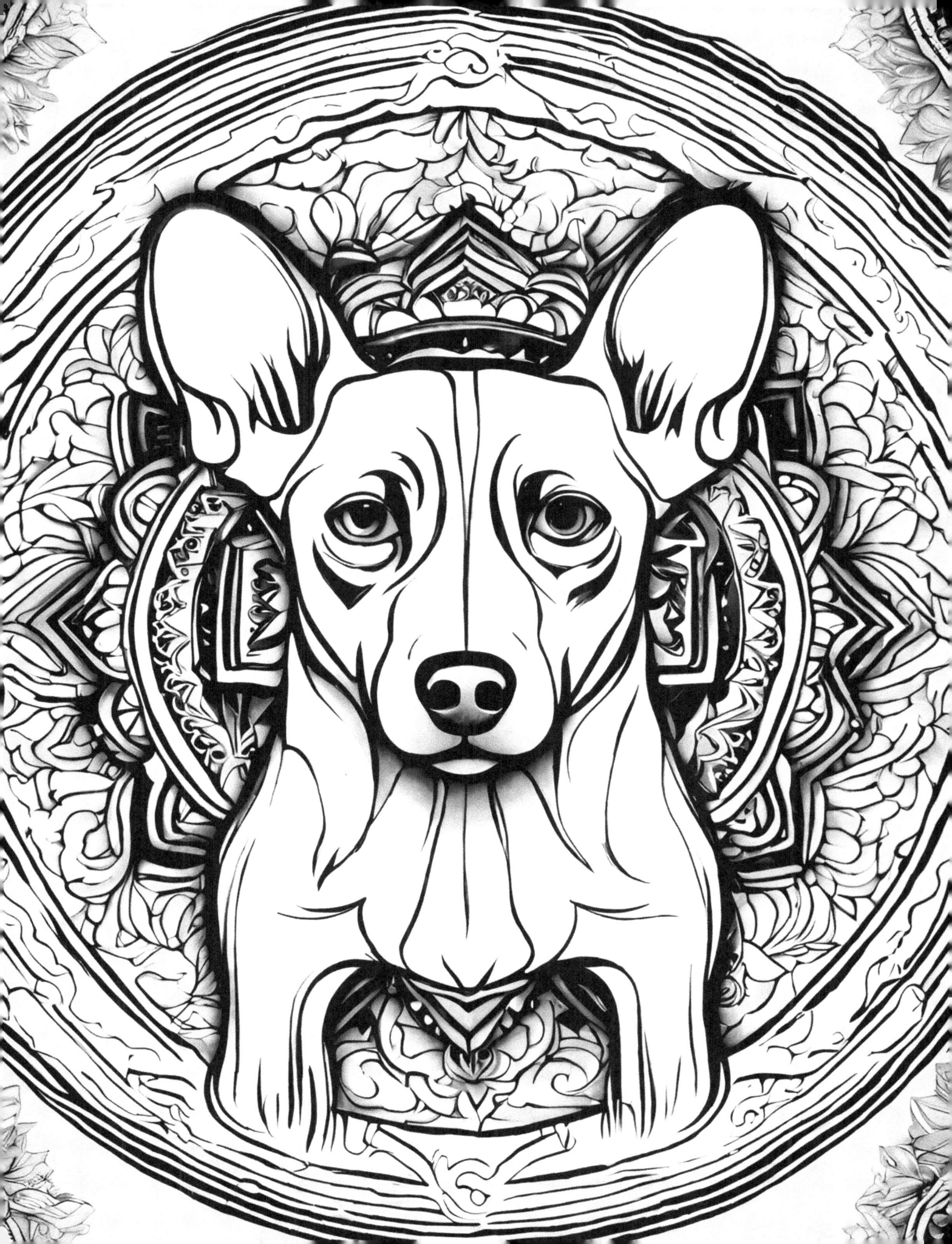

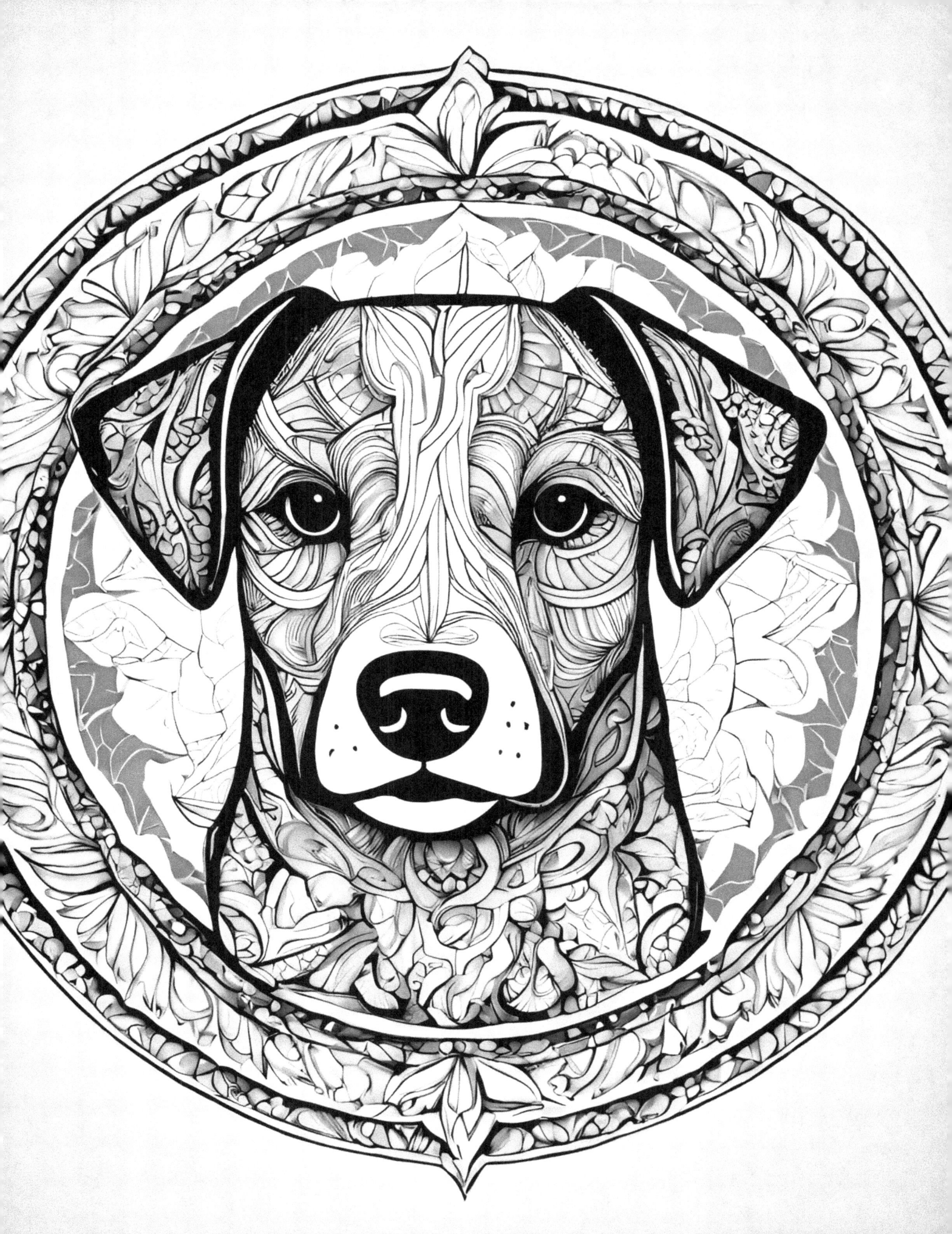

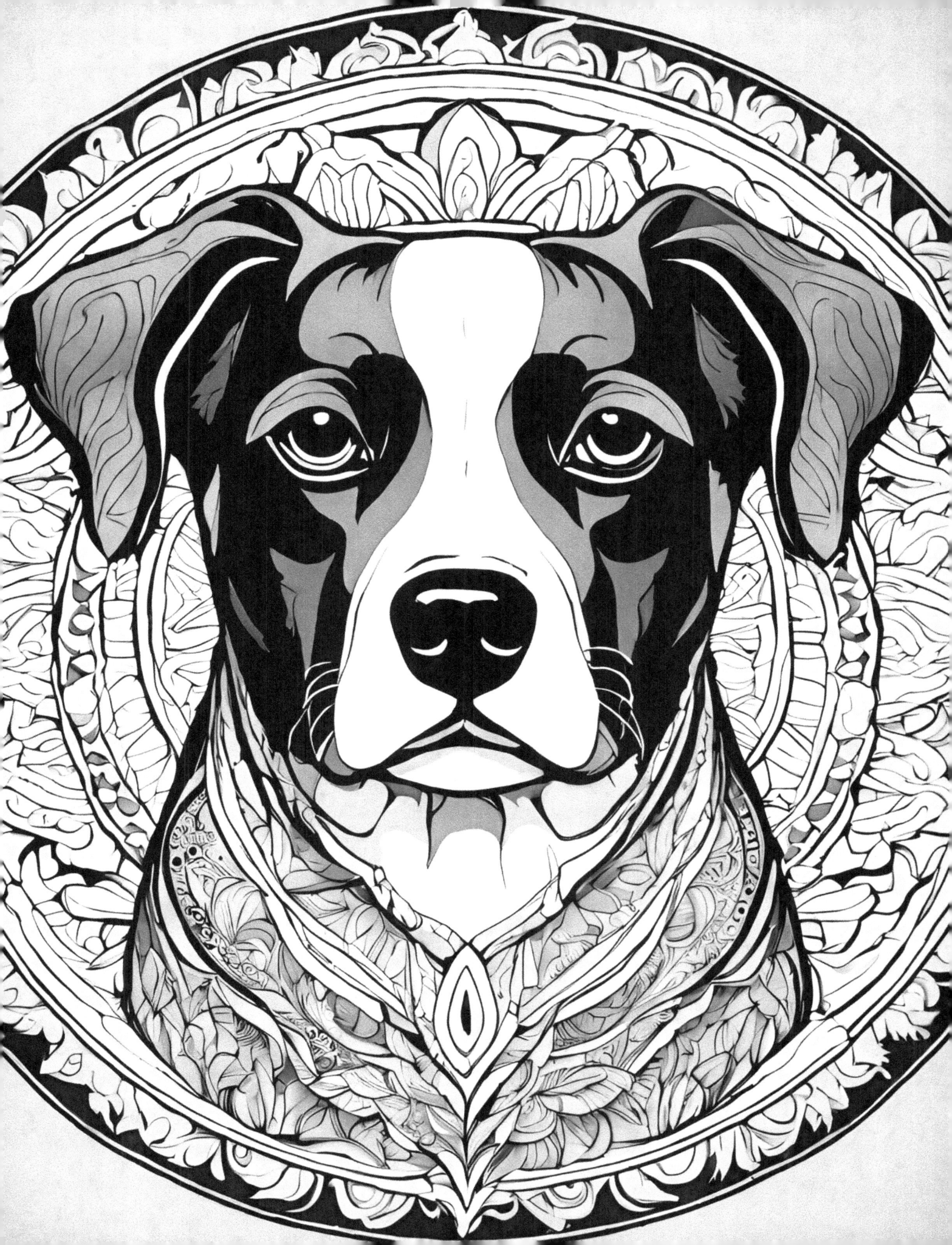

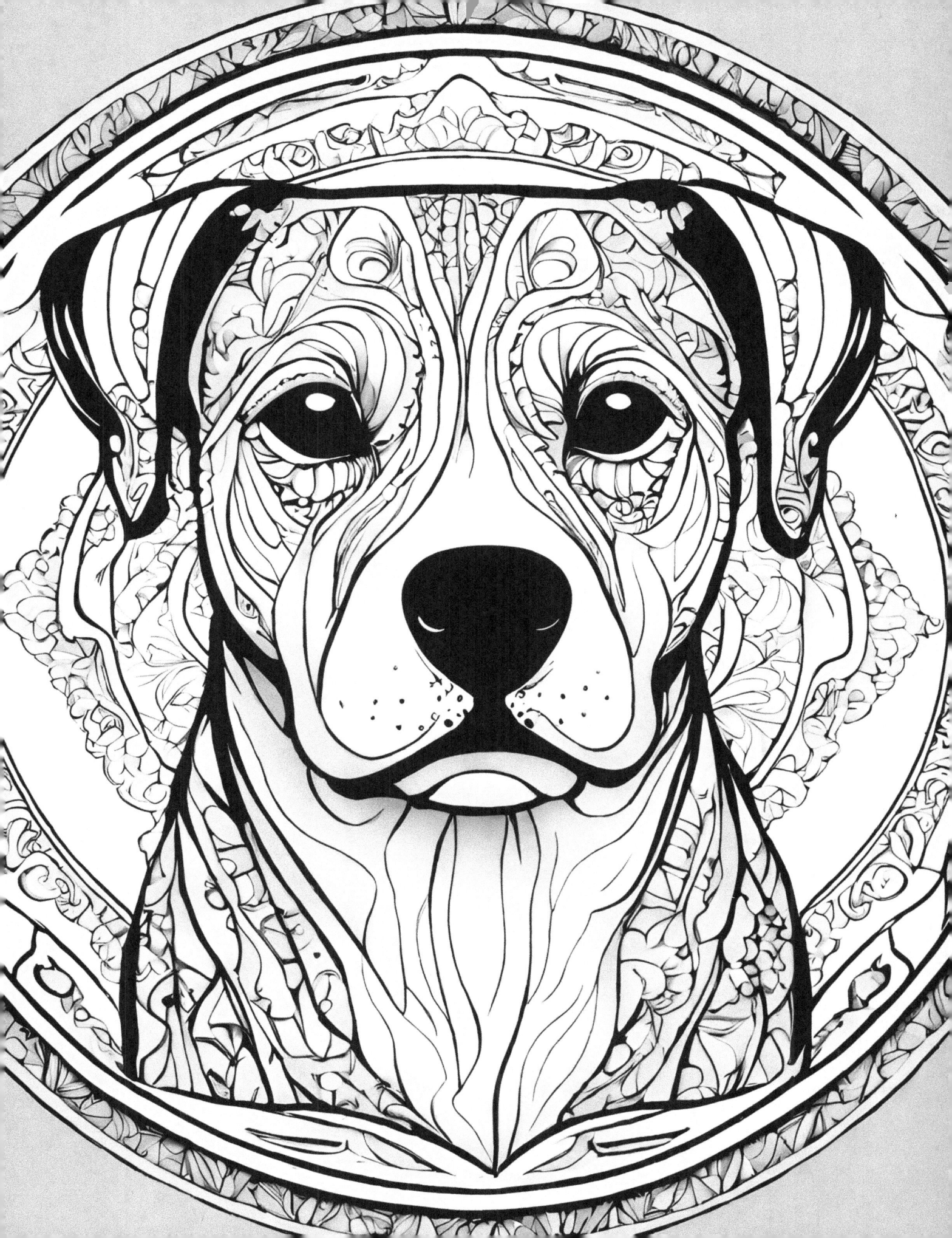

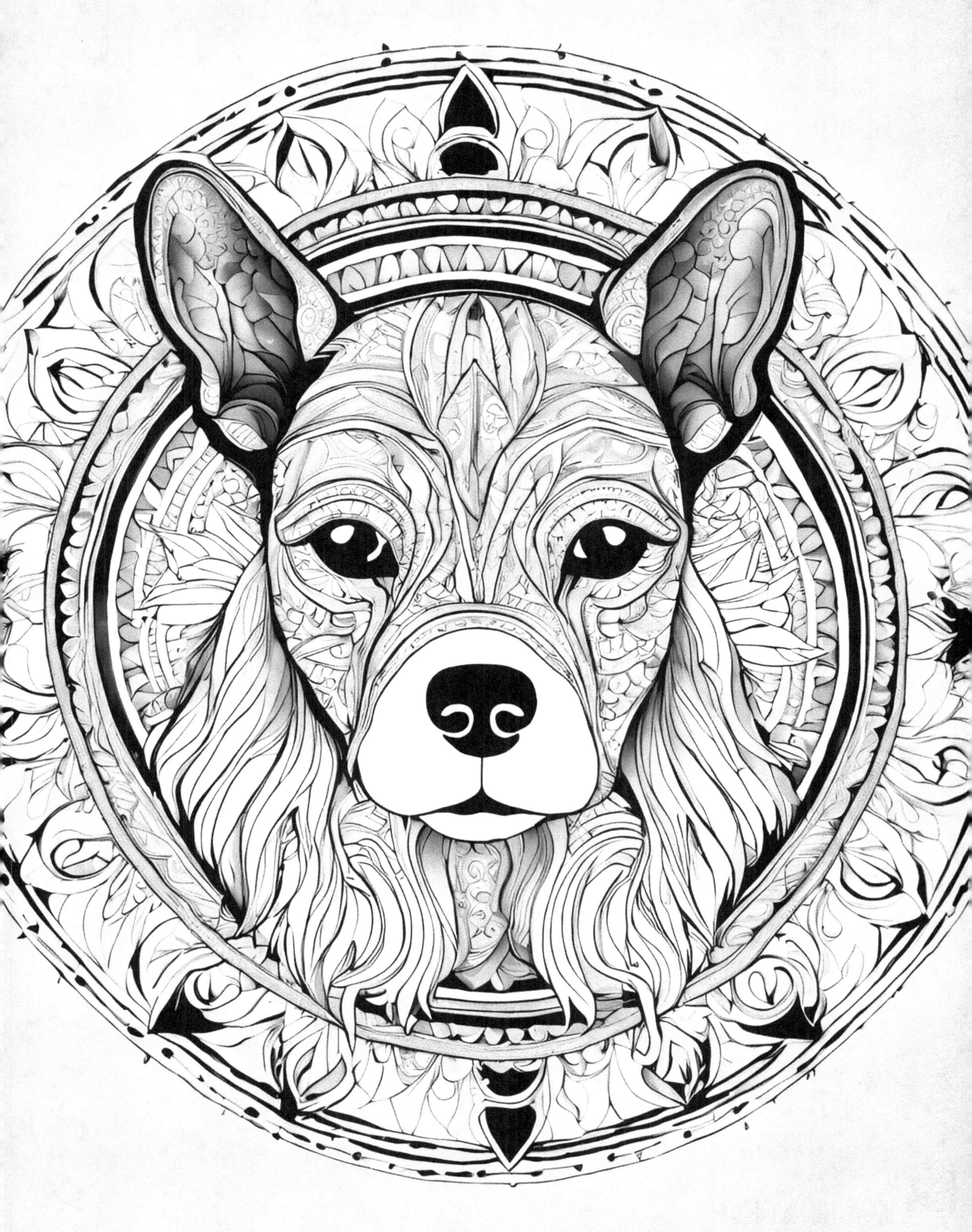